CURT RIESS

Kein Traum
blieb ungeträumt

CURT RIESS

Kein Traum blieb ungeträumt

*Der
märchenhafte
Aufstieg
der
Hedwig Courths-Mahler*

LICHTENBERG VERLAG

Redaktion: M. Kluge
Korrekturen: Marg. Bergholz
Umschlaggestaltung: H. Numberger
Gesamtherstellung: May & Co, Darmstadt
Printed in Germany
ISBN 3 7852 1163 5

Inhalt

Ein Mädchen
und die harte Wirklichkeit

Es ist Nacht, eine stürmische, wilde Nacht. Es regnet in
Strömen, die Bäume biegen sich unter der Gewalt des
Sturmes, ein Wagen kämpft sich durch zu Schloß Treuenfels. Der Kutscher, der die vier Pferde dirigiert, wird hin- und
hergeworfen, desgleichen der einzige Passagier im Fond des
Wagens, der finster dreinblickende, noch recht junge Harro
von Treuenfels. Das alles hat sich vor langer Zeit einmal
zugetragen. 1880? 1890?

Einige Diener, die Freitreppe des endlich erreichten weit-
läufigen Schlosses hinuntereilend, begleiten den Grafen ins
Schloß, kümmern sich um das Gepäck. In der hell erleuchte-
ten Halle hat sich die gesamte Dienerschaft versammelt,
Köche und Köchinnen, Diener, Forstbeamte, Zofen... eine
große Schar.

So beginnt der Roman *Griseldis* von Hedwig Courths-
Mahler, so beginnt das Fernsehspiel gleichen Titels, das
Peter Beauvais für den Süddeutschen Rundfunk gedreht hat.
Wieviel Zeit ging allein verloren, bis das »richtige« Schloß
gefunden war! So etwas kann man nicht bauen, das würde
ja Millionen kosten. Natürlich gibt es viele Schlösser in
Deutschland. Aber bei der Courths-Mahler handelt es sich
um ein altes Wasserschloß, an das ein Turm angebaut ist.
Es dauert Wochen, nach mehr als fünfzig Besichtigungen,
bis das richtige Schloß gefunden ist. Aber so ganz richtig ist
es auch wieder nicht, das Wasserschloß Viensbeck bei Bad
Meinberg.

7

»Das ist zwar ein Wasserschloß«, kommentiert Regisseur Peter Beauvais, »aber ein Turm war nicht vorhanden; in keinem der besichtigten Schlösser. Er mußte erst angebaut werden, denn der Turm spielt eine wichtige Rolle.«

Wir befinden uns in der Halle des Schlosses. Dort haben sich also zahlreiche Bedienstete männlichen und weiblichen Geschlechts in den jeweiligen Uniformen oder Kostümen versammelt, dazwischen mindestens ein Dutzend junge Männer und Frauen in Pullis, die irgend etwas in Ordnung bringen: sei es die Schminke oder die Frisuren, sei es, daß die Kleider wieder etwas hergerichtet werden müssen; die Beleuchtung klappt auch nicht, hier und dort fallen Schatten, die nicht sein dürften, der Tonmeister hat etwas zu beanstanden, der eine oder andere Hilfsregisseur eilt durch die Halle ...

Dann, endlich die Frage des Regisseurs: »Können wir?«

Und die Antwort: »Kamera läuft ...« Und dann eine andere Stimme: »4-a, zum viertenmal!« Klappengeräusch. Der Graf macht nur eine Bewegung, dann winkt der Regisseur ab: »Stop! Das Häubchen der einen Kammerzofe sitzt nicht richtig. Es muß zurechtgerückt werden. Der Gürtel des Forstmeisters ist verrutscht.«

Dann: »Kamera läuft: 4-a, zum fünftenmal ...« Klappengeräusch.

Der Graf macht ein paar Schritte auf die Dienerschaft zu. Er blickt weiterhin finster. Auch die versammelte Dienerschaft jubelt ihm keineswegs zu.

Doch erzählen wir der Reihe nach:

Da ist also Harro von Treuenfels. Er hat eine sehr schöne Frau geheiratet, aber zu seinem Leidwesen bald feststellen müssen, daß in einem schönen Körper nicht immer eine schöne Seele wohnt. Die betreffende Dame hat zwar sehr viel Charme und repräsentiert vortrefflich, aber im Grunde ihrer Seele ist sie ein böses Weib, eine Art Strindberg-Figur, zwar nicht so kompliziert, aber um so schwieriger. Einmal betrügt sie ihren Mann fast. Ganz genau kommt das nicht heraus. Die Courths-Mahler bleibt immer dezent, selbst wenn es um die Frage geht: Ehebruch oder nicht?

Das alles liegt, als der Roman beginnt, bereits lange zurück. Die Dame des Hauses ist nämlich inzwischen gestorben. Sie ist, wie die Polizei feststellt, vergiftet worden. Durch wen? Natürlich durch diejenige Person – so schließt die Polizei, die das Gift besaß. Und wer ist diese Person? Natürlich der Graf höchstpersönlich.

Das ist erwiesen. Denn er hat vor geraumer Zeit einmal das Gift, das er in einem besonders schönen Fläschchen von einer Indienreise mitbrachte, offen herumgezeigt. Nicht nur seiner Frau, sondern auch anderen, die das vor Gericht bezeugen müssen. Warum hat er eigentlich das Gift so lange aufbewahrt? Im Roman danach befragt, antwortet er, er habe eigentlich nur das schöne Fläschchen aufbewahren wollen. Warum er eigentlich das Gift nicht ausgeschüttet hat, wird nie jemand herausfinden. Auch Hedwig Courths-Mahler vermochte das nicht.

Anderes kommt hinzu. Bedienstete und Bekannte haben laute Ehestreitigkeiten mit anhören müssen. Sie mußten nicht einmal lauschen, um mitzubekommen, daß Harro von Treuenfels sehr böse auf seine Frau war. So böse, daß er sich sogar einmal zu der Erklärung hinreißen ließ, am liebsten würde er sie umbringen. Oder doch so ähnlich, woran er aber im Ernst nie gedacht hat.

Nun ist sie tot, und der Verdacht fällt natürlich auf den Grafen, allzumal er in der Erregung, als man sie tot auffindet – noch weiß niemand, daß sie vergiftet worden ist –

das Glas Wein umstößt, das auf ihrem Nachttisch steht und von dem sie genippt hat. Und gerade in diesem Glas Wein, wie die Polizei bald feststellen kann, hat sich das Gift befunden!

Graf Harro kommt also in Untersuchungshaft. Vom Roman aus gesehen, ist das schon eine Weile her. Er wird aber dann doch freigesprochen. Warum? Aus Mangel an Beweisen!

Das sieht der Graf – und das versteht eigentlich jeder, zumindest jeder Courths-Mahler-Leser – als eine Diffamierung an. Denn es bedeutet, daß er in seiner Welt, der Welt der Aristokraten, nicht mehr leben kann. Man wird ihn schneiden, und er bekommt, kaum aus dem Gefängnis entlassen und in sein Schloß Treuenfels zurückgekehrt, gleich eine Kostprobe davon. Sein bester Freund, Baron Fritz Dahlheim, scheint ihn nicht mehr zu kennen.

Verbittert kehrt er also nach Hause zurück. Er stellt seiner Dienerschaft anheim, das Schloß zu verlassen, übrigens ein etwas mittelalterliches Schloß mit anschließendem Turm und, wie wir später herausfinden werden, mit Geheimtüren, Geheimfächern und Geheimschränken, kurz, ein unheimliches Bauwerk, besonders wenn es stürmt – und es stürmt eigentlich sehr oft um das Schloß Treuenfels. Erstaunlich auch, daß Harro von den vielen Geheimnissen seines Schlosses nichts weiß. Die kennt nur seine Kusine Beate, die den Haushalt leitet, einen sehr umfangreichen Haushalt mit zahlreichen Dienern und Dienstmädchen. Sie halten alle mehr oder weniger treu zu Harro von Treuenfels und machen von seinem großmütigen Angebot, sich ihr Gehalt auszahlen zu lassen und das Schloß zu verlassen, keinen Gebrauch – mit Ausnahme einer Französin, der Erzieherin der kleinen Tochter Gilda. Diese wollte Harro sowieso entlassen, denn er findet, daß eine deutsche Aristokratin von einer deutschen Dame erzogen werden sollte. Die Französin geht also; sie will in einem Haus, in dem ein Giftmord geschehen ist, ohnehin nicht mehr länger bleiben.

Daß es sich um einen Giftmord handelt, steht zu diesem Zeitpunkt keineswegs fest. Die Verblichene könnte sich ja selbst vergiftet haben, was allerdings ihrem lebenslustigen Charakter wenig entspräche.

Nun, der Graf ist also bei Sturm und Regen zurückgekehrt, die Französin ist entlassen, aber wer wird nun Gilda erziehen? Beate, die sich zur Verfügung stellt, kommt dafür nicht in Frage. Erstens hat sie den Haushalt zu betreuen, keine Kleinigkeit bei den ausgedehnten Räumlichkeiten und dem zahlreichen Personal – das waren noch Zeiten!

Harro wendet sich an die mit seiner verstorbenen Mutter befreundeten Mutter Anna, die ein Stift leitet. Und Mutter Anna schickt ihm Griseldis, ein junges Mädchen, knapp zweiundzwanzig Jahre alt. Griseldis ist nicht nur schön, sondern auch sehr freundlich, außerordentlich geschätzt von Mutter Anna und den Stiftsdamen, die sie nur ungern ziehen lassen, aber es dann doch tun, weil die Stellung in Treuenfels wesentlich interessanter ist als die bei den alten Damen. Vermutlich auch finanziell interessanter, aber davon wird in solch feinen Kreisen nicht gesprochen.

Erstaunlich, daß Beate, die doch froh sein müßte, jetzt etwas entlastet zu werden, sich von Anfang an gegen Griseldis stellt. Und zwar auf eine Weise, die es auch dem naivsten Leser nicht möglich macht, an ihren guten Willen zu glauben. Wir spüren: sie ist eine Intrigantin. Sie will nicht einmal, daß die junge Griseldis zusammen mit den Herrschaften speist. Sie herrscht sie bei jeder Gelegenheit an und versucht ständig, ihr das Leben unerträglich zu machen.

Aber Griseldis ist ein so positiver Mensch, daß der Versuch mißlingen muß.

Hinzu kommt, daß die kleine Gilda von Anfang an eine tiefe Zuneigung zu Griseldis faßt. Man könnte glauben, die Kleine hätte nie eine Mutter gehabt, von der Kusine ihres Vaters ganz zu schweigen. Griseldis ist für sie ein und alles.

Aber was nützt das? Was nützt jede erfreuliche Veränderung im Schloß, wenn Harro von Treuenfels immer deprimierter wird? Er müßte seine Unschuld beweisen – aber wie soll er das tun? Griseldis rät sogar einmal, einen Detektiv zu engagieren. Er weist den Vorschlag zurück. Was die Polizei nicht herausgefunden hat, wird auch ein Detektiv nicht herausfinden. Aber wenn man nicht feststellt, durch wen seine Frau umgekommen ist, wird wohl ewig der Makel auf ihm haften bleiben, und zumindest die feine Gesellschaft wird sich von ihm abwenden, soweit sie es nicht schon getan hat.

Griseldis ist neben ihren vielen guten Eigenschaften aber auch neugierig. Das Schloß interessiert sie, noch mehr der Turm neben dem Schloß. Durch Zufall kommt sie gewissen Geheimnissen auf die Spur; so entdeckt sie etwas, daß zwischen dem Schloß und dem Turm eine Verbindung besteht: Wenn man auf einen gewissen Knopf drückt, geht eine Tür auf und ein Kabinett öffnet sich, das auch von der anderen Seite geöffnet werden kann. Kurz, es hätte jemand vom Turm aus direkt in das Schlafzimmer der Vergifteten eindringen können, um das schreckliche Werk zu vollbringen. Aber wer, um Gottes willen, könnte das gewesen sein? Da gibt es auch noch eine uralte Chronik des Schlosses Treuenfels, die offenbar niemand gelesen hat. Jetzt liest Griseldis sie und findet darin eine sehr ausführliche Beschreibung, warum diese geheime Verbindung zwischen

Turm und Schloß gebaut worden ist – das war noch im Mittelalter. Sie findet ferner, daß aus der Familienchronik zumindest ein Blatt herausgeschnitten worden ist. Warum?

Wir ahnen es schon. Es kann niemand anderer gewesen sein als die Gräfin Beate, denn sie regt sich so auf, als sie Griseldis bei der ihr doch vom Grafen erlaubten Lektüre der Familienchronik ertappt, daß sie ganz außer sich gerät.

Aber nun hat auch Griseldis, eine ganze Weile nach dem Leser, Verdacht geschöpft. Nachts geht sie auf Wanderungen in den Turm, drückt hier und dort, und auf einmal öffnet sich die Zwischentür, die auf der anderen Seite in den Schlafraum der vergifteten Gräfin führt.

So ist also die grausame Tat ausgeführt worden! Aber Griseldis hat nicht mehr die Zeit, ihre Entdeckung weiterzugeben. Denn Beate ist ihr gefolgt und schließt sie nun in dem Zwischenraum ein. Mag sie doch verhungern! Um ganz sicher zu gehen, wirft sie den Turmschlüssel in den Teich. Das Türschloß liegt so hoch, daß sie es niemals erreichen kann. Sie ist gefangen und wird hier – geschieht kein Wunder – elend zugrunde gehen, denn auch Griseldis muß gelegentlich etwas essen oder trinken, wenn sie weiterleben will.

Ihre Abwesenheit vom Schloß wird um so weniger bemerkt, als Beate sehr geschickt die Nachricht ausstreut, daß Griseldis in das nahe gelegene Schloß Dahlheim gefahren sei. Dahlheim? Das war doch der beste Freund von Treuenfels, der ihn freilich geschnitten hat. Aber er hat ihn in Wirklichkeit gar nicht geschnitten, er hält im Grunde unverändert treu zu ihm; nur die alte Dame, seine Mutter, war gegen jeden weiteren Verkehr, und dadurch ist er in einen Gewissenskonflikt geraten, der noch dadurch verschärft wird, daß er Tilly Sarnow zu heiraten gedenkt, die beste

Freundin von Griseldis. Es gelingt Griseldis, ihre Freundin Tilly dahingehend zu beeinflussen, ihren Bräutigam zu einem Besuch bei Treuenfels zu überreden.

Dies nur nebenbei.

Jedenfalls stellt sich im Verlaufe der Nacht alsbald heraus, daß Griseldis gar nicht nach Dahlheim gefahren ist. Graf Harro ist ernstlich beunruhigt. Beate kann keine Auskunft geben, wo Griseldis nur stecken mag. Sie hat sich zurückgezogen und den Wunsch geäußert, nicht vor dem nächsten Morgen geweckt zu werden. Freilich, nur die Leser wissen, daß sie verzweifelt ist, teils wegen ihrer Tat, teils darüber, daß diese Tat den Grafen aus der besten Gesellschaft ausgeschlossen hat.

Sie hat zwar, wie sie glaubt, Griseldis für immer unschädlich gemacht. Aber hat das noch einen Sinn? Ihr Spiel ist verloren. Harro liebt sie nicht, sie, die immer nur ihn geliebt hat. Sie zieht sich auf ihr Zimmer zurück und trinkt den Rest des Giftes.

Harro, zutiefst beunruhigt, sucht überall nach Griseldis. Ein Diener hört geheimnisvolle Klopfzeichen, die nur aus dem Turm kommen können. Dort dringt nun Harro mit Hilfe seiner Dienerschaft ein und findet, durch die Klopfzeichen geleitet, das Verlies, in dem Griseldis schmachtet.

Die beiden fallen einander überglücklich in die Arme... Happy-End, wie immer bei Hedwig Courths-Mahler.

Ich frage: »Kann man sie heute überhaupt noch verfilmen? Ist sie nicht längst vergessen und veraltet?«

Der Regisseur Peter Beauvais: »Warum nicht? Das ist doch wie ein Märchen...« Und er fügt hinzu: »Märchen sind ein bißchen unwahrscheinlich. Das ist *Griseldis* sicher auch, aber das ist doch nur ein Reiz mehr!«

Horst Jaedicke vom Süddeutschen Rundfunk, der die Idee hatte, etwas über die Courths-Mahler zu machen: »Ich dachte eigentlich zuerst an eine Art Dokumentation über das Phänomen Courths-Mahler, denn ein Phänomen war und ist sie. Ich wollte diesem Phänomen irgendwie näherkommen, durch Erklärungen, durch Analysen etc., eine populärwissenschaftliche Arbeit gewissermaßen.«

»Ein Phänomen?« Ich bin erstaunt. »Eine Schriftstellerin, die doch eigentlich nie besonders ernstgenommen wurde, selbst zu einer Zeit, in der sie einigen Erfolg hatte.«

Noch einmal Horst Jaedicke: »Fast alle meine Mitarbeiter hatten Bedenken gegen meinen Courths-Mahler-Plan ... «

Und Dr. Müller-Freienfels, Leiter der Fernsehspielabteilung des Süddeutschen Rundfunks in Stuttgart: »Dabei haben nur die wenigsten von uns eine Ahnung, wie das vor dem Ersten Weltkrieg und in den zwanziger Jahren war. Ich meine mit der Courths-Mahler.«

»Ich weiß noch, wie das in den zwanziger Jahren war. Und Leute, die ich kannte und wohl auch viele andere, leugneten glattweg, daß sie die Courths-Mahler lasen. Sie genierten sich. Aber sie lasen sie.«

Dr. Müller-Freienfels: »Es war übrigens gar nicht so einfach, die Bücher aufzutreiben. Die meisten waren längst vergriffen.«

Auch die Verlage versprechen sich von der Courths-Mahler einigen Erfolg.

»Einigen Erfolg?« Der Verleger Helmut Kindler, der vor kurzem *Griseldis* wieder aufgelegt hat, schüttelt den Kopf. »Wenn man von Erfolgen spricht, muß man wohl Zahlen nennen. Natürlich ist die Bibel das erfolgreichste Buch, das je gedruckt wurde. Dann kommen, rein auflagemäßig, Lenin, Dostojewski, Tolstoi, Jules Verne, Georges Simenon und Mao. Und dann die Courths-Mahler.«

»Und Balzac? Dickens? Thomas Mann? Karl May? Die *Forsyte-Saga*? Oder *Vom Winde verweht*?«

»Sie kommen nicht in die Nähe der Courths-Mahler. Wenn man bedenkt, daß sowohl die Bibel als auch Lenin und Mao schließlich nicht gerade Unterhaltungslektüre sind und daß zumindest die letzten beiden nicht immer freiwillig gekauft wurden oder werden, dann ist der Erfolg der verachteten Courths-Mahler doch schon phänomenal. Und sie selbst ist, wie gesagt, auch ein Phänomen.«

Ich greife den Begriff »Nostalgie-Welle« auf.

»Ich erinnere mich, daß die Courths-Mahler schon in den zwanziger Jahren als veraltet galt. Zum Beispiel damals, als sie *Griseldis* schrieb – im Jahre 1916 etwa –, existierte die Welt derer von Treuenfels gar nicht mehr, es war also schon damals ein bißchen Nostalgie mit im Spiel, nicht wahr?«

»Sie ist nicht mehr veraltet!« erklärt der Verleger Helmut Kindler. »Ich habe, außer *Griseldis*, auch andere Bücher der Courths-Mahler wieder aufgelegt. Das war lange vor der sogenannten Nostalgie-Welle. Ich versprach mir einen gewissen Erfolg, keinen allzu großen. Und nun laufen mir die Courths-Mahler-Bücher geradezu davon. Ich bin überrascht wie alle Welt.«

Um auf den Süddeutschen Rundfunk zurückzukommen – auch dort war man ehrlich überrascht, nachdem man einige Courths-Mahler-Romane gelesen hatte.

Dr. Müller-Freienfels: »Wir fanden ... nun, wir lächelten ein bißchen verlegen und sagten uns schließlich: warum eigentlich nicht?«

Und so wurde beschlossen, fünf Romane für das Fernsehen zu verfilmen: *Eine ungeliebte Frau, Griseldis, Der Scheingemahl*, dann *Die Bettelprinzeß* und schließlich *Die Kriegsbraut*.

Es war gar nicht so einfach, die Courths-Mahler für das Fernsehen aufzunehmen. Man hatte ihre Romane zwar schon in den zwanziger Jahren verfilmt, aber damals war der Film noch stumm. Wie sollten die Leute, die in Courths-Mahler-Romanen auftreten, reden?

Der Schauspieler Gerd Westphal, der übrigens selbst einen der Romane inszenieren wird: »Natürlich genauso, wie die Courths-Mahler sie hat reden lassen. Das kann man gar nicht anders machen! Da kann man nichts umschreiben! Das gilt auch für den rein erzählenden Teil. Das alles gehört irgendwie zusammen. Es zu modernisieren, wäre ebenso unsinnig, wie, na, sagen wir, Jugendstilmöbel auf modern umzuarbeiten... Die Welt der Hedwig Courths-Mahler ist eine Welt für sich!«

Die Welt der Courths-Mahler – die Welt, die sie zeigt, die Welt, über die sie schreibt – hat die Courths-Mahler bewußt gar nicht miterlebt, denn damals war sie zehn, höchstens fünfzehn Jahre alt. Schauen wir uns diese Welt an: Eine herrliche Zeit, eine Zeit des Glanzes, insbesondere für Deutschland. Es war erst ein paar Jahre her, daß die Preußen den Krieg gegen Frankreich gewonnen hatten, daß sie mit Gloria und Viktoria durch das Brandenburger Tor eingezogen waren. Sicher glaubten viele, die herrlichsten aller Zeiten seien angebrochen. Für manche waren es in der Tat herrliche Zeiten. Das Militär gab den Ton an, die Offiziere fühlten sich den gewöhnlichen Sterblichen weit überlegen. Kriegerdenkmäler waren gebaut und enthüllt worden. Jährliche Sedansfeiern wurden abgehalten und Bismarck-Eichen gepflanzt. In der Siegesallee im Berliner Tier-

garten – schon der Name besagt viel – war eine Hohen-
zollern-Ahnengalerie aufgebaut worden, nicht gerade ge-
schmackvoll, aber doch immerhin sehr wirksam.

Die hohen Offiziere waren fast durchwegs von Adel. Nur
in einer solchen Welt war es verständlich, daß Harro von
Treuenfels, der sogleich bei seiner Verhaftung aus der Armee
ausscheiden mußte, sich allein aus diesem Grunde deklas-
siert fühlte, auch wenn er hundertmal wußte, daß er un-
schuldig war. Der junge Kaiser, gerade erst zur Regierung
gekommen, sollte bald versprechen, er würde Deutschland
herrlichen Zeiten entgegenführen. Deutschland war über
Nacht eine Weltmacht geworden! Gewiß, die Engländer
hatten eine größere Flotte, aber das würde nicht mehr lange
so sein. Frankreich hatte sich, leicht besiegbar und, wie viele
glaubten, »dekadent«, selbst ausgeschaltet. Rußland war
zwar groß, aber nicht ernst zu nehmen; das gleiche galt von
den Vereinigten Staaten, ein Land, in das man Leute ab-
schob, die zu Hause etwas angestellt hatten. Deutschland,
Deutschland über alles!

Die Courths-Mahler jedenfalls glaubte fest daran; man
hätte meinen können, daß die Welt der Courths-Mahler,
die sie immer wieder beschrieb, eben auch ihre Welt sei,
daß sie in den Schlössern, Gütern oder luxuriösen Villen der
Privilegierten aufgewachsen war und keine Sorgen kannte,
sondern nur Überfluß.

Ach, so war es nicht. Die Welt der Courths-Mahler war
anders. Auch die Courths-Mahler selbst war ganz anders.
Das Leitmotiv der ersten dreißig Jahre ihres Lebens: Armut,
Unsicherheit, ständige Sorgen schon während der Kindheit,
später als Dienstmädchen und kleine Angestellte, dann als
Frau eines schlecht verdienenden Mannes, als Tochter einer

problematischen Mutter. Sorgen noch bis in die letzten Jahre ihres Lebens ...

Wenn die zahllosen Leser der über zweihundert Courths-Mahler-Romane glauben, ihr Leben sei ein Courths-Mahler-Roman gewesen, dann irren sie. Die Courths-Mahler war anders, ganz anders. Freilich wäre die Behauptung nicht falsch, ihr Leben habe wie ein Märchen begonnen. Aber die meisten Märchen fangen ja traurig an, und das ihre begann ähnlich wie das Märchen von Aschenbrödel.

Da war also ein junges Mädchen, Friederike Elisabeth Mahler, das sich in einen Saaleschiffer namens Ernst Schmidt verliebte. Er sagte, er würde sie heiraten, und sie gab sich ihm hin: recht erstaunlich und »verrucht« in jenen Zeiten – es geschah im Jahre 1866. Das konnte nicht gut ausgehen und ging auch nicht gut aus. Fräulein Mahler war eben eine ungewöhnliche Persönlichkeit. Als ihr Geliebter in den preußisch-österreichischen Krieg zog, folgte sie ihm als Marketenderin. Sie blieb ihm so dicht auf den Fersen, daß sie ihn als Schwerverwundeten fand und auf ihren Schultern in Sicherheit brachte. Er gesundete auch. Aber noch bevor er sie heiraten konnte, erkrankte er an Cholera und starb.

Und sie war schwanger! Als ihr Vater von ihrem Zustand erfuhr, schrie er, was Väter damals wohl in einer solchen Lage für selbstverständlich hielten: »Hinaus!«

Da stand sie nun – allein. Aber sie blieb es nicht lange. Ein anderer Mann fand sich. Er hätte sie auch trotz des Kindes geheiratet. »Wenn ich aus dem Krieg nach Hause komme!« versicherte er. Inzwischen war nämlich ein neuer Krieg ausgebrochen, der Krieg zwischen Preußen und Frankreich im Jahre 1870/71. Und in diesem Krieg fiel er.

Als ich diese Geschichte zum ersten Male hörte, konnte ich sie nicht glauben.

Die jüngere Tochter der Courths-Mahler, die bekannte Schriftstellerin Friede Birkner, gibt zu: »Natürlich ist uns die Geschichte überliefert worden. Niemand, der heute lebt, war ja dabei. Meine Mutter hat oft darüber gesprochen, daß man in Weißenfels ganz entsetzt gewesen sei, wie diese Person – damit meinte man natürlich meine Großmutter – sich benommen habe, und meine Mutter log nicht. Nie!«

Weißenfels in Sachsen. Dorthin gab die Mutter ihre Tochter zu einem Flickschuster namens Birkner in Pflege, während sie selbst ihren Unterhalt als Krankenpflegerin verdiente.

»Die Birkners waren gut zu mir«, pflegte Hedwig Courths-Mahler später in den zwanziger Jahren zu erzählen. Das war wohl auch der Grund, warum ihre jüngere Tochter, als sie Schriftstellerin wurde, sich das Pseudonym Birkner zulegte.

»Aber meine Pflegeeltern wechselten häufig. Es lag wohl in der Natur der Dinge.«

Übrigens hieß Hedwig damals noch gar nicht Hedwig, sondern Ernestine. »Die Schule machte mir Spaß. Ich lernte mit Begeisterung.« Ahnte sie, daß ihre Schulzeit nicht lange dauern würde?

»Viel Freude gab es für mich damals nicht. Einmal durfte ich in einen Wanderzirkus gehen. Die Hauptnummer, eine Art Pantomime, hieß ›Hedwig die Zigeunerbraut‹; ich war ganz hingerissen von dieser Hedwig, die unendlich schön und prachtvoll angezogen war. Sie hatte unzählige Gefahren zu bestehen, und sie hätte es wohl kaum geschafft, wenn nicht ein schöner Reiter gewesen wäre, der sie rettete, wenn ich mich nicht irre, sogar mehrmals rettete. Wanderzirkus! Das war eine so schöne Welt. Ich hatte mir nie gedacht, daß es so etwas Wundervolles geben könnte!«

Es war so wundervoll, daß die kleine Ernestine ausriß. Sie wollte sich dem Wanderzirkus anschließen, um ebenfalls ein so romantisches Leben führen zu können wie die Zigeunerbraut. Aber man entdeckte ihre Flucht schon nach wenigen Stunden, und sie mußte zurück zu ihren Pflegeeltern. Doch zumindest ein Resultat hatte dieser Ausreißversuch: von nun an wollte die Kleine nicht mehr Ernestine heißen, sondern – Hedwig.

»Nein, es ging mir nicht schlecht bei den Birkners und auch bei den anderen Pflegeeltern nicht. Ich mußte nicht hungern, aber ich hatte eben keine wirklichen Eltern, so wie die anderen Kinder. Mit vierzehn Jahren wurde ich dann zu meiner Mutter geschickt. Der Grund war, daß sie einfach nicht mehr genug Geld hatte, um für mich zu zahlen. Es tat mir leid, daß ich von der Schule wegmußte. Ich glaube, alles in allem habe ich nur drei Jahre eine Schule besucht, und das in großen Abständen. Meine Mutter... Nun ja, es war nicht ganz einfach mit ihr.«

»Sie verstand damals wohl überhaupt wenig und wollte auch nicht mehr verstehen. Sie war viel zu bescheiden, als daß sie sich erlaubt hätte, Fragen zu stellen...«, sagt Friede Birkner.

Nächste Station: Dienstmädchen in einem bürgerlichen Haus in Leipzig. Rumschöttel hießen die Leute. Das Dienstmädchen mußte alles tun und sich sogar um die alte gelähmte Mutter ihres Dienstherrn kümmern. Damals begann sie zu lesen.

Die *Gartenlaube* fiel ihr in die Hände, ein Wochenblatt, das von der Familie abonniert war.

Die Birkner: »Später wurde erzählt, sie habe der gelähmten alten Frau daraus vorgelesen. Aber sie war doch nur ein ungebildetes Dienstmädchen, keine Gesellschafterin. Außerdem war die alte Frau gar nicht an Romanen interessiert, und meine Mutter hätte nicht so gut – sprich ausdrucksvoll – vorlesen können. Nein, sie holte sich die bereits gelesenen Nummern der *Gartenlaube* in ihren kleinen Verschlag am Ende des Ganges und las bei Kerzenlicht begierig bis tief in die späte Nacht hinein.«

Was sie dort fand? Vor allem die Romane der Marlitt, die sie in eine glänzende und romantische Welt entführten, von deren Existenz sie bisher nichts geahnt hatte.

Als die alte Frau Rumschöttel starb, benötigte man Hedwigs Dienste nicht mehr, und sie mußte sich eine andere Stellung suchen; sie wurde schließlich Lehrmädchen in einem Hutgeschäft, mußte aber dort kündigen, weil der Inhaber recht zudringlich wurde.

Um diese Zeit kam ihr die – gemessen an den Umständen und auch an ihrer Jugend: sie war gerade siebzehn Jahre alt – kühne Idee, der verehrten Marlitt nachzueifern. Man kann das wohl kühn nennen. »Ich wollte so werden wie die von mir so angebetete Marlitt. Kurz und gut, ich schrieb Geschichten. Natürlich nur für mich selbst. Auf die Idee, irgend jemand könne sich dafür interessieren, kam ich nicht. Gedruckt werden? Ich hätte beim besten Willen nicht gewußt, wie man so etwas anfängt.«

Es waren vier oder fünf Geschichten, an die sie sich später nicht mehr erinnern konnte. Sie wußte nur noch eines und lächelte, wenn sie davon erzählte: »Sie waren alle sehr, sehr traurig. Und sie endeten schlimm. Ja, alle endeten schlimm . . .« Und sie fügte hinzu: »Damals hatte ich ja wenig Grund zu der Hoffnung, daß auch einmal etwas gut ausgehen könnte.«

Das war der Beginn der Schriftstellerin Hedwig Courths-Mahler, die damals noch nicht so hieß, und die später berühmt, ja weltberühmt werden sollte als Dichterin des Happy-End. Weltberühmt? Dichterin? Die Courths-Mahler hätte über solche großen Worte gelächelt. Sie hätte vermutlich gesagt, was sie später so oft zu sagen pflegte: »So wichtig ist das doch gar nicht ... «

Ja, sie war eben anders, die Courths-Mahler.

Leipziger Allerlei

Da sitzt sie in ihrem winzigen möblierten Zimmer, die blutjunge Hedwig Mahler, und schreibt wieder eine Novelle. Sie heißt *Wo die Heide blüht* und ist freundlicher als alle vorangegangenen und soll auch ein gutes Ende nehmen. Nun, das Leben hat sich jetzt auch für sie freundlicher gestaltet.

Bis jetzt hatte sie es eigentlich immer nur schwer gehabt, auch wenn sie sich niemals unterkriegen ließ. Darüber sprach sie nie, das war für sie wohl selbstverständlich. Aber über eine günstige Wandlung sprach sie gelegentlich später: »Da hatte ich eine Stellung gefunden bei der Firma Aßmann am Naschmarkt zu Leipzig, natürlich, wo man Bänder, Schärpen, Kunstblumen verkaufte und allerlei anderes, was schöne Frauen noch schöner macht. Vorerst durfte ich nur die Waren ordnen. Schon sie anzufühlen, machte wieder froh. So etwas hatte ich noch nie gefühlt, diesen Samt, diese Seiden! Gelegentlich durfte ich auch mal mit bedienen. Es waren immer Damen, natürlich, die zu uns kamen! Und was für Damen!«

Es sind sehr elegante Damen, für die gerade das Beste gut genug ist, und die es für selbstverständlich halten, Geld auszugeben für ihre Kleidung, wie es Hedwig scheint, sehr viel Geld, und die auch ins Theater oder Konzert gehen und darüber miteinander Gespräche führen, während die Verkäuferinnen etwas für sie heraussuchen oder verpacken.

Manchmal trafen diese Damen draußen, direkt vor dem Geschäft, auch den einen oder anderen Offizier, meist junge

Leutnants mit Monokel; sie standen dann stramm, begrüßten die Damen, begleiteten sie wohl ein Stück, den langen Säbel nachschleppend; manchmal fixierten sie die Damen auch nur, so nannte man das damals, und starrten ihnen nach. Bis eine andere Dame vorüberkam, die sie vielleicht mehr interessierte...

Es ist symptomatisch für Hedwig, daß sie nicht Neid empfindet gegenüber diesen offenbar höhergestellten Wesen, die im Laden bedient werden, daß sie nicht auf die Idee kommt, auch so zu sein wie sie oder einmal so zu werden. Übrigens, um es gleich vorweg zu sagen, sie wird auch später als berühmte Schriftstellerin, die viel Geld verdient, niemals eine wirklich elegante Dame werden. Das lag ihr nicht.

»Eine Dame«, sagt sie. »Nein, das war ich nie und das werde ich nie sein!«

Die Welt der eleganten Damen also ist in Leipzig die eine Welt, in der sie lebt und die sie im Laden wie von einem Galerieplatz aus betrachten kann. Die andere Welt ist die der Marlitt, deren Romane sie jetzt verschlingt; sie leiht sich die *Gartenlaube* von Kolleginnen aus, gelegentlich kauft sie sich auch einmal eine Nummer. Das geht zwar ein wenig über ihre Verhältnisse, aber es liegt ihr mehr daran, eine neue *Gartenlaube* zu erwerben, als sich satt zu essen.

Die Firma, bei der sie arbeitete, hieß Roßmeßler; sie wurde dort eine perfekte Verkäuferin und verdiente recht anständig, zumindest glaubte sie das. Und etwas Neues trat in ihr Leben:

»Es war das Theater, vor allem die Oper. Die Oper liebte ich unendlich, besonders Wagner-Opern. Natürlich vom vierten Rang des Stadttheaters aus. Ich war hingerissen. Die pathetische Musik, die großartige Ausstattung, sie war wohl wirklich großartig, nicht nur für Leipziger Verhältnisse, aber das alles konnte ich damals kaum würdigen... Immerhin war ich überzeugt, daß es nichts Schöneres auf der Welt geben konnte.«

Daß es hinter dieser Welt, die sie im Geschäft und auf der Straße davor mehr erahnt als kennenlernt, eine noch schönere gibt, weiß sie nicht. Da sind Einladungen, bei denen natürlich Offiziere die Hauptrollen spielen... Da gibt es Bälle, wo sich die feine Gesellschaft trifft, viele Offiziere, auch Bankiers und gelegentlich sogar Diplomaten – es gibt zwar deren in Leipzig nicht allzu viele, aber immerhin doch einige Konsuln; da werden Duelle um schöne Frauen ausgetragen, die manchmal tödlich enden! Sie weiß nicht, daß es Menschen gibt, die sie nur von fern bewundern darf. Menschen, die an einem Tag mehr Geld ausgeben, als sie in einem Monat verdient – auch wenn sie, was bei den Offizieren üblich ist, Schulden machen – kurz, daß eine Welt existiert, die sie später immer und immer wieder beschreiben wird, ist ihr um jene Zeit noch völlig unbekannt.

Übrigens dauert ihr Glück nicht allzu lange. Denn die Geschäfte lassen nach, die Bänder, Schleifen, Rüschen und künstlichen Blumen, die man an Kleider und Hüte nähte, sind auf einmal nicht mehr Mode. Roßmeßler muß Personal entlassen, und auch Hedwig findet sich unter den Gekündigten.

Neue Anstellung bei der Firma Mey & Edlich, bekannt durch ihre abwaschbaren Hemdenkragen, Hemdbrüste (Brettchen) und Manschetten (Röllchen); auch fertig genähte Schlipse (Schnällchen) und Hosenträger werden dort angeboten. Das alles ist »weniger« schön und glänzend als bei Roßmeßler, sowohl was die Waren als auch die Kunden angeht; hierher verirren sich keine eleganten Damen. Die

Kundschaft besteht nur aus Männern oder aus verhärmten Hausfrauen, aber der Trick Hedwigs ist, sie so zu behandeln, als seien sie etwas »Besseres«. Sie verkauft geschickt und verdient infolgedessen wieder recht gut. Sie kann sich die erste Tafel Schokolade ihres Lebens leisten – auch das bleibt ihr unvergeßlich, denn sie liebt Süßigkeiten ihr ganzes Leben lang. Sogar ein Besuch in einer bekannten Leipziger Konditorei ist jetzt nicht mehr außer Reichweite.

Später: »Kinder, Kinder, diese Torten, diese Kuchen! Ich konnte ja immer nur ein Stück wählen... aber wenigstens ansehen konnte ich sie mir alle! Ich war wie im Himmel!«

Da saß sie nun und sah die Damen und die Offiziere auf der Straße an sich vorbeiflanieren und malte sich aus, wie das Leben dieser Menschen wohl sein mochte, wie es bei ihnen zu Hause aussah, wen sie liebten, wer sie liebte, je nach dem, wie die Menschen aussahen, die jungen Frauen und die Männer.

Und sie veränderte in Gedanken diese erdachte Welt. Es konnte doch sein, daß dieser junge Leutnant, der da eben vorbeiging, tiefere Gefühle für jene junge Frau auf der anderen Seite der Straße empfand. Hatte sie ihm nicht zugelächelt? War er nicht stehengeblieben? Oder hatte sie sich das alles nur eingebildet? Aber es könnte doch sein...

Später sagte sie einmal, daß unbewußt jetzt das begann, was man in Schriftstellerkreisen – davon wußte sie natürlich nicht das geringste – das »Planen« nannte. Und wie das junge Mädchen, ohne es zu ahnen, plante! Ganze Romane, die freilich nie geschrieben wurden...

Nie geschrieben?

Sie dachte wieder an die Novelle *Wo die Heide blüht,* die längst hätte fertig sein müssen. »Aber ich hatte ja so wenig

Zeit! Und im übrigen, wen würde diese Geschichte schon interessieren?«

Eine Geschichte mehr in der Schublade – darauf kam es wirklich nicht an, allzumal ihre Mutter, der sie gestanden hatte, daß sie schriftstellerische Versuche mache, kategorisch erklärte: »Damit verdient man doch kein Geld!«

Die Mutter kannte natürlich niemanden, der auch nur eine Zeile geschrieben hätte. Überdies war sie eine praktische Frau: Geld verdient man mit Arbeit, nicht mit Schreiben! Und zudem war ihre Tochter ja erst siebzehn Jahre alt: »Du mußt dir diese Dummheit aus dem Kopf schlagen!«

Trotzdem beendete Hedwig dann die Novelle und schickte sie einer Leipziger Zeitung – später erinnerte sie sich nicht mehr, wie die Zeitung geheißen hatte.

Erstaunlicherweise wurde die Geschichte gedruckt.

Friede Birkner: »Meine Mutter hat später immer darüber gelacht, was nun passierte. Damals hat sie sicher nicht gelacht. Denn die Zeitung hatte kaum die Geschichte veröffentlicht, da ging sie bankrott. Honorar? O ja, sie bekam etwas. Aus der Masse. Das verstand sie damals nicht ganz genau. Jedenfalls erinnerte sie sich noch oft: es waren 42 Pfennige!«

Und sie ging in sich. Die Mutter mochte schon recht haben – mit Schreiben war wirklich kein Geld zu verdienen! Trübe Gedanken überkamen Hedwig. Sie mußte an die Vergangenheit denken, die zwar nicht trübe, aber auch nicht gerade erfreulich gewesen war. Die Vergangenheit einer Siebzehnjährigen! Und mit den trüben Gedanken kam die Idee einer noch etwas trüberen Novelle, die sie *Die Verlassene* nannte. Sie schickte sie wieder einer Zeitung ein. Und wieder geschah etwas Unvorhergesehenes, diesmal aber zum Vorteil der jungen Autorin. Die Zeitung brauchte zwar ihr Erscheinen nicht einzustellen, aber der Redakteur, der sich um das kümmerte, was man heute das Feuilleton nennt – das Feuilleton brachte neben Theater-, Kunst- und Musikkritiken damals auch kleine Novellen und Gedichte – mußte ins Gefängnis. Nur auf ein paar Wochen. Grund: Majestätsbeleidigung.

Das geschah damals gar nicht so selten. Zwar las der gute Kaiser, der schon fast neunzig Jahre alt war, sicher keine Zeitungen und schon gar nicht Leipziger Zeitungen. Sein Nachfolger las ebenfalls nur selten, was in der Presse stand. Und darüber, ob sie nun beleidigt sein mußten oder nicht, entschieden nicht einmal die Majestäten, sondern das Hofmarschallamt in Berlin. Und ein Kaiser hatte eben sehr leicht beleidigt zu sein. Wenn irgend etwas veröffentlicht worden war, was er als Beleidigung hätte empfinden können, dann war er eben beleidigt. Und die Gerichte beeilten sich, ein entsprechendes Urteil zu fällen.

Was nun den betreffenden Redakteur angeht: Er war das, was man in jener Zeit einen »Sitzredakteur« nannte. Er zeichnete verantwortlich für den gesamten Inhalt der Zeitung, und es spielte überhaupt keine Rolle, ob er einen beleidigenden Artikel geschrieben hatte oder nicht. Wenn die Zeitung verurteilt wurde, wanderte eben er ins Gefängnis. Sämtliche großen Zeitungen in Berlin hatten längst einen sogenannten »Sitzredakteur« angestellt, der keine andere Funktion hatte, als notfalls eine Gefängnisstrafe abzusitzen. In Leipzig war man noch nicht so weit. Da nun der Leipziger Redakteur ins Gefängnis mußte und keine Lust hatte, in seiner Zelle Daumen zu drehen, nahm er sich einen Koffer voller Manuskripte mit, die sich bei ihm aufgestapelt hatten – und las so *Die Verlassene,* die er sonst wohl kaum zu

Gesicht bekommen und sicherlich ungelesen zurückgeschickt hätte. Sie gefiel ihm, und er ließ noch aus dem Gefängnis wissen, daß er das Werk kaufen wolle. Und er zahlte dafür – ganze zehn Mark!

Das war viel Geld damals, nicht nur für die kleine Hedwig Mahler viel Geld. Auch die Mutter, die die Schriftstellerei als Broterwerb kategorisch abgelehnt hatte, zeigte sich beeindruckt. Und dies wiederum war wichtig.

Da war nämlich ein junger Mann, der sich für Hedwig interessierte und den sie gern geheiratet hätte. Und von diesem Mann hatte die Mutter ebenso wenig wissen wollen wie von der Schriftstellerei. Jetzt gab sie ihren Widerstand auf. Wenn man sich einfach hinsetzte und sich damit zehn Mark erschreiben konnte, brauchte man sich eigentlich keine Sorgen mehr um die Zukunft zu machen!

Dachte sie. Aber sie sollte sich irren.

Was nun den jungen Mann anging, so hieß er Fritz Courths und sah recht gut aus. Hedwig, die damals bei der Firma Mey & Edlich arbeitete, konnte von dem Fenster der Lagerabteilung über den Hof hinweg in die Fenster eines Zeichenbüros für Textilmuster sehen. Hier erblickte sie Courths – und verliebte sich in ihn.

Das Gehalt von Fritz Courths reichte damals kaum zu einer Heirat. Das fand zwar auch Frau Mahler, aber schließlich wurde doch geheiratet, als Fritz Courths eine bessere Stellung bekam. Hedwig versuchte, mit Heimarbeit noch ein bißchen dazuzuverdienen.

Das war notwendig, denn nun kamen Kinder: Margarethe am 19. Oktober 1889, fast auf den Tag genau neun Monate nach der Hochzeit; zwei Jahre später erschien die junge Dame, die sich später Friede Birkner nennen sollte.

Es war ein harter Existenzkampf. Bei dem geringen Verdienst mußte mit jedem Pfennig gerechnet werden. Theater, Konzerte, Konditoreien, Schokolade – das alles kam vorläufig nicht mehr in Frage.

Da erschien auch wieder Frau Mahler auf der Bildfläche, eine Frau, die tüchtig und sehr resolut war, man mochte über ihr Gefühlsleben und ihr Geschlechtsleben – das Wort wurde damals natürlich nicht in den Mund genommen – denken, wie man wollte.

»Dein Mann sollte sich selbständig machen!« erklärte sie. Und: »Du wirst für einige Tischherren kochen, weißt du, junge Leute, die nicht so viel Geld haben, um in ein Restaurant zu gehen . . . daran läßt sich verdienen!«

Die jungen Leute kamen. Sie waren zufrieden. Frau Courths kochte ausgezeichnet. Sie arbeitete auch bei ihrem Mann mit und schnitt die von ihm entworfenen Schablonen aus, damit dann die Dekorateure und Maler beim Wohnungseinrichten leichtere Arbeit hatten. Das war übrigens, rein physisch, eine gar nicht so leichte Arbeit. Man konnte sie nur im Stehen verrichten, und das Material, das geschnitten werden mußte, war recht hart.

Man fand auch einige Freunde. Ein Musiklehrer, der die Mädchen in der Schule unterrichtete, kam ins Haus und brachte andere Musiker mit. Frau Hedwig sang ein wenig zur Klavierbegleitung – das Klavier war natürlich nur gemietet. Es gab viel Leben in der Wohnung, sozusagen gesellschaftliches Treiben, wenn auch im kleinsten Rahmen – heute würde man es »kleinbürgerlich« nennen.

Fritz Courths war ein liebenswürdiger, aber nicht sehr unternehmender Mann, gänzlich ohne Initiative. Die mußte Frau Hedwig ihm ersetzen. So ging sie auf das Gelände der im Bau befindlichen Leipziger Landesausstellung. Irgendwie gelang es ihr, zu einem der vielen Männer vorzudringen, die sich um den Aufbau kümmerten. »Sie könnten doch sicher einen Dekorateur brauchen?« beginnt sie.

»Und ob. Wissen Sie jemanden?«

»Mein Mann...« Fritz Courths erhält also wieder mehr Geld und auch Freikarten für die Ausstellung, die seine Familie wiederholt besucht. Das bietet Frau Hedwig wiederum Einblicke in neue Welten.

Unwichtig? Überflüssig, dies zu vermerken? Vielleicht doch nicht. Denn es erklärt jenes Rätsel, über das sich später so viele Menschen den Kopf zerbrochen haben, nämlich: wie die Courths-Mahler über so viele Personen zu schreiben vermochte, die sie niemals gekannt hatte, wie es ihr gelang, ein Milieu zu schildern, das ihr doch eigentlich fremd hätte sein müssen.

In dieser Zeit geschieht sehr viel. Drüben in Amerika erfindet ein ausgewanderter Deutscher das Grammophon. Der Ingenieur Daimler baut seinen ersten Benzinmotor. Der Norweger Henrik Ibsen erregt mit seinen gesellschaftskritischen Dramen Aufsehen auf europäischen Bühnen. In Paris setzen sich die Impressionisten durch. Verdi bringt seine letzte Oper heraus; der Journalist Theodor Fontane schreibt nun sehr erfolgreiche Romane. Der junge Kapellmeister Richard Strauss entfacht mit seiner Tondichtung *Don Juan* lebhafte Diskussionen – übrigens auch in Leipzig. Und viel, viel wichtiger: der Kanzler Bismarck tritt zurück oder vielmehr: er wird vom jungen Kaiser zum Rücktritt gezwungen. Das erregt ganz Deutschland.

Für die Familie Courths kommen schlimme Zeiten. Die ältere Tochter ist an Rheuma erkrankt.

Die junge Mutter weint viel: »Der Doktor sagt, daß sie vielleicht nie mehr laufen kann!«

»Es wird so schlimm nicht werden . . . «

Fritz Courths nimmt, ohne seine Frau zu fragen, eine Stellung in Krakau an. Frau Hedwig protestiert: »Das ist doch so weit weg . . . «

»Das ist gar nicht so weit weg . . . «

»Das liegt ja in Galizien! Wie bist du eigentlich auf die Idee gekommen?«

»Man hat mir die Stelle auf der Messe angeboten.«

Die Frau schüttelt den Kopf. »Also, ich komme nicht mit. Und die Kinder natürlich auch nicht . . . Du wirst ja erst mal feststellen, wie das eigentlich ist. Es ist auch viel zu teuer, mit den Kindern zu reisen . . . Und dazu noch in ein anderes Land!«

Sie soll recht behalten. Ihr Mann bleibt nur sechs Wochen in Krakau. Als er zurückkommt, besitzt er nichts mehr, nicht einmal genug Kleingeld, um vom Bahnhof nach Hause zu fahren. Und er ist wieder einmal ohne Stellung. Schlimme Zeiten. Frau Mahler hilft gelegentlich aus. Frau Hedwig versucht, Geld mit Häkeln zu verdienen. Doch ihre Hände sind oft so starr, daß sie manchmal nicht einmal die Nadel halten kann. Denn Heizen kostet Geld.

Fritz Courths findet eine Stellung, verliert sie wieder, sucht sich eine neue, die er alsbald wieder aufgibt. Er sinkt schließlich zum Hilfsarbeiter und Tapetenkleber ab. Seine Frau weiß genau, daß er mehr leisten könnte, viel mehr, ja, daß er ein Künstler ist, der etwas von Stilen versteht und Einfälle hat – aber alle diese Erkenntnisse bringen kein Brot ins Haus.

Sie liest die Annoncenseiten der Zeitungen, um für ihren Mann etwas zu finden, sie denkt an eine Anstellung von längerer Dauer. Und sie findet etwas. Da gibt es die Firma Cohrs & Michaelis in Chemnitz, die einen Dekorateur sucht.

Sie zeigt ihrem Mann die Annonce. Er liest sie gänzlich unbeeindruckt.

Sie sagt: »Du könntest dich ja um die Stelle bewerben!«

»Wird ja doch keinen Zweck haben!« antwortet er.

»Tu es mir zuliebe! Tu es den Kindern zuliebe!«

Er setzt sich hin und schreibt. »Du wirst sehen, daß nichts dabei herauskommt.«

Und in der Tat: Es vergehen Tage und Wochen, ohne daß eine Antwort kommt. Und dann, als Frau Hedwig alle Hoffnung aufgegeben hat, trifft die Antwort aus Chemnitz ein.

Die Firma Cohrs & Michaelis schreibt einen sehr liebenswürdigen Brief, man entschuldigt sich, so lange nicht geantwortet zu haben, aber einer der Chefs sei in London gewesen, kurz und gut, man wolle sich mit Herrn Courths unterhalten, der auf Kosten der Firma nach Chemnitz kommen möge. Man bitte um telegrafische Rückantwort.

»Du mußt natürlich sofort antworten und hinfahren...«

»Müßte ich! Aber wir haben ja nicht das Geld dazu.«

»Doch!« Seine Frau geht an die Kommode und holt aus einer der vielen Schubladen fünfzehn Taler heraus, die sie sich irgendwie zurückgelegt hat. Vielleicht sind sie auch von einem kleinen Geschenk der Mutter übriggeblieben. Die Mädchen sollten davon Kleider erhalten.

Herr Courths telegrafiert also – das erste Telegramm im Leben der Familie Courths –, kauft sich eine Fahrkarte vierter Klasse und verschwindet in Richtung Chemnitz.

Und die Frau wartet. Zwei Tage bleibt ihr Mann fort. Für sie sind es zwei Ewigkeiten. Während dieser Zeit malt sie sich aus, wie ihr Leben sich in Chemnitz gestalten würde. Sie weiß nicht viel von Chemnitz, eigentlich überhaupt nichts, aber das wird ja immer ihre Stärke sein: zu träumen, sich etwas auszumalen, bis es ganz nah ist, fast Wirklichkeit, obwohl sie sich in ihren vernünftigen Momenten, und das sind die meisten, sagen muß, daß das Leben ganz, ganz anders ist, viel strenger, viel weniger bunt...

Chemnitz... Vielleicht würden sie eine hübsche Wohnung finden, vielleicht würde sie keine Tischherren mehr verköstigen müssen, vielleicht würde sie sich ihren Kindern mehr widmen können.

Den Kindern sagt sie: »Wir werden auch ins Theater gehen... oder in ein Museum.«

»Wie hier ins Stadtmuseum in Leipzig?« Die Kinder sind mit der Mutter öfter dort gewesen, obwohl sie sich dabei schrecklich gelangweilt hatten. Aber die Mutter hielt Museumsbesuche für wichtig, besonders am Sonntag bei freiem Eintritt.

»Werden wir auch einmal in eine Konditorei gehen?« wollen die Töchter wissen.

»Natürlich... Natürlich...«

Und Frau Courths denkt: In Chemnitz wird alles ganz anders werden. Vielleicht werde ich Zeit haben zu träumen. Von jungen Menschen und ihren Geschicken... Aber jetzt würden die Träume nicht mehr traurig sein, sondern viel positiver, und die Geschichten, die ihr so durch den Kopf gehen, werden immer ein glückliches Ende haben... immer... immer...

Hedwig Courths denkt in diesen zwei Tagen, die zwei Ewigkeiten sind, viel an das, was sie in Chemnitz erwartet, obwohl sie doch noch gar nicht weiß, ob die Sache mit Chemnitz überhaupt klappen wird.

Nur an eines denkt sie nicht, eines kommt ihr wohl kaum in den Sinn. Später formuliert sie das so: »Nein, ich dachte nicht daran, daß Chemnitz meine Geburtsstadt werden würde, die Geburtsstadt der Schriftstellerin Hedwig Courths-Mahler ... «

Und dann, nach zwei Tagen, nach zwei Ewigkeiten, erscheint ihr Mann wieder in Leipzig. Als er die Wohnung aufschließt, fragt sie die Kinder, die ja keine Antwort geben können, nicht ohne Bangen: »Was wird uns Vater wohl zu sagen haben?«

Geburt in Chemnitz

Herr Courths fällt nicht mit der Tür ins Haus. Er redet sehr umständlich, um seine Frau auf die Folter zu spannen. Er erzählt, er sei in Chemnitz recht liebenswürdig aufgenommen worden, und man habe auch viel Verständnis für seine Arbeit gezeigt.

»Und ... Und ...? Haben sie dich engagiert?«

»Habe ich das nicht gesagt? Ja, sie haben mich engagiert.«

»Und?«

»Und was?«

»Laß doch nicht alles aus dir herausquetschen! Wann sollst du denn beginnen?«

»Möglichst sofort.«

»Und?«

»Und?«

»Habt ihr denn gar nicht über das Gehalt gesprochen?«

»Ach, habe ich vergessen, dir das zu sagen? Sie wollen mir jährlich 6000 Mark zahlen.«

»6000 Mark!« Ihr schwindelte. »Aber das ist doch wundervoll!«

»Ich finde es eigentlich auch erstaunlich, daß sie mich für ein so hohes Gehalt engagieren.«

Sofort verteidigt sie ihn gegen sich selbst. »Das ist gar kein hohes Gehalt für dich! Du bist mehr wert! Immerhin, 6000 Mark – das ist ein Vermögen!«

6000 Mark – das ist wirklich viel Geld. Um diese Zeit annonciert ein bekanntes Möbelgeschäft in Leipzig: »Komplette Kücheneinrichtungen für 35 Mark, 200 Teile für 75 Mark, 300 Teile für 150 Mark, aufstellen auf Wunsch gratis und franco. Alle Artikel auch einzeln sehr billig.«

Also für 6000 Mark... da kann man... das bedeutet, daß man alle Schulden würde zurückzahlen können, und das Entscheidende: Die ganze Familie kann nach Chemnitz ziehen, eine Trennung wie damals im Falle Krakau ist nicht mehr notwendig, wenigstens nicht für lange Zeit. Fritz Courths muß natürlich so schnell wie möglich vorausfahren, damit er so schnell wie möglich sein Gehalt verdient. Sie und die Kinder würden später nachkommen. In ein paar Wochen, vielleicht auch in ein paar Monaten...

6000 Mark! Das ist Mitte der neunziger Jahre viel Geld. Was kann denn eine Wohnung in Chemnitz schon kosten? Für 100 Mark im Monat müßte man doch eine hübsche Vier- oder Fünfzimmerwohnung bekommen, mit Bad und allem Drum und Dran. Ein Mittagessen für vier Personen mit Fleisch oder Fisch, mit Suppe und Nachtisch – zwei Mark? Das wäre schon recht hoch gerechnet! Was kostet denn eine Theaterkarte, denn ins Theater würde sie nun wieder gehen können. Eineinhalb Mark? Zwei Mark? Dafür bekäme man schon einen ausgezeichneten Platz. Man würde vielleicht ein Dienstmädchen engagieren können. Ein Dienstmädchen kostete damals neben Kost und Logis – 70 Mark? 80 Mark monatlich? Dafür bekommt man schon eine erstklassige Kraft, wie Fritz Courths vermutet.

Es wird alles besser werden, viel besser... Und seine Frau ist viel zu bescheiden und viel zu dankbar, als daß sie sich oder gar ihrer Familie gestehen würde: »Zeit, daß es besser wird!«

Als sie dann schließlich nach zwei bis drei Monaten ihrem Mann nach Chemnitz folgt, ist sie nicht enttäuscht. Daß

Chemnitz keine große Stadt ist im Vergleich zu Leipzig, hat sie natürlich schon gewußt. Chemnitz zählt vor Eingemeindung der umliegenden Ortschaften nicht ganz 200 000 Einwohner. Chemnitz ist auch keine schöne Stadt. Es gibt ein paar Plätze und Anlagen mit Denkmälern von Kaiser Wilhelm I., von Bismarck, von Moltke, es gibt eine Stadtbibliothek mit 35 000 Bänden, was für Hedwig Courths-Mahler nicht unwichtig ist, und noch wichtiger: ein Theater, in dem Oper, Operette und Schauspiel gebracht werden.

Freilich, es ist die Industrie, die Chemnitz beherrscht. Man zählt an die 90 Fabriken und bis zu 20 000 Arbeiter. Es werden allerlei Maschinen hergestellt, Lokomotiven, Dampfmaschinen, Werkzeugmaschinen, Dampfkessel, Spritzen, Pumpen und vor allem mechanische Webstühle, denn Weberei und Spinnerei gehören zu den wichtigsten Erwerbsquellen in und um Chemnitz. Aber Chemnitz ist eher eine häßliche Stadt, man nennt es nicht zu Unrecht »das sächsische Manchester«.

Wir schreiben das Jahr 1894.

Die letzten und auch die nächsten Jahre haben zu unaufhörlicher wirtschaftlicher Aufwärtsentwicklung in Deutschland geführt, nicht zuletzt in Chemnitz. Die Besitzer der Fabriken verdienen Vermögen, immer neue Fabriken entstehen. Die Fabrikbesitzer wie die Kaufleute stellen das ökonomische Rückgrat des Reiches dar, mächtig und angesehen sind das Junkertum und das Offizierscorps. Man ist militaristisch – und stolz darauf. Deutschland ist zur ersten Militärmacht Europas aufgestiegen, und das muß sich natürlich auch äußerlich zeigen. Immer neue Paraden, Wachaufzüge, Empfänge ausländischer Herrscher. Zwar ist Chemnitz nicht die Hauptstadt Sachsens, aber auch hier kommt so mancher der Prominenten durch.

Es geht hoch her, in Deutschland und auch anderswo.

1895 hat Röntgen seine Strahlen entdeckt; Alfred Nobel stiftet den Nobelpreis; Fridtjof Nansen fährt mit der »Fram« gen Nordpol; im nächsten Jahr macht Edison seine ersten kinekoskopischen Bilder; Otto Lilienthal, einer der Flugpioniere, stürzt tödlich ab, und der junge Kaiser erregt die Weltöffentlichkeit durch eine taktlose Depesche an Ohm Krüger, indem er sich zumindest moralisch hinter die Buren und gegen die Engländer stellt, mit denen er doch offiziell befreundet ist. Wiederum ein Jahr später wird die drahtlose Telegrafie erfunden; Émile Zola schreibt einen offenen Brief an den Präsidenten von Frankreich: »J'accuse!« Dadurch wird die Dreyfus-Affäre von neuem aufgerollt und so das gute Ende, wenn auch erst Jahre später, von dem mutigen Schriftsteller erzwungen.

Bald darauf stirbt der entmachtete Bismarck; Marie Curie und ihr Mann entdecken das Radium und das Polonium; Kaiserin Elisabeth von Österreich wird in Genf bei Betreten eines Dampfers von einem Anarchisten erstochen.

Es geht vieles vor sich auf der Welt und in Deutschland, Gutes und Schlechtes, und sicher spielt sich auch vieles in Chemnitz ab – dessen ist Frau Courths sicher. Ihr Mann ist nach Chemnitz vorausgefahren und wohnt dort in zwei möblierten Zimmern; seine Frau muß einen Entschluß fassen, der ihr nicht leicht fällt. Sie geht zu ihrer Mutter, um Geld zu borgen. »Jetzt kann ich es ja tun«, erklärt sie ihrem Mann. »Denn ich weiß, ich kann es zurückzahlen.«

Trotzdem... die Mutter wird ihr sicher Vorwürfe machen. Erstaunlicherweise macht sie keine und leiht ihr Geld, nicht viel, aber genug, um den Umzug zu finanzieren. Sie läßt dem Schwiegersohn, den sie sehr schätzt, sogar Grüße bestellen. 6000 Mark sind schließlich 6000 Mark!

Übrigens bleibt Frau Courths nur noch vier Wochen in Leipzig, so schnell schafft sie alles: die Wohnung in Leipzig aufzulösen, die Möbel zu verpacken, nach Chemnitz zu schicken und eine Notunterkunft in Chemnitz zu finden.

Nun also Chemnitz. Vorläufig wohnen sie alle in drei möblierten Zimmern. Frau Courths hat beschlossen, zunächst einmal zu sparen, wo immer es geht. Neue Möbel müssen für die neue Wohnung angeschafft werden, sie muß tapeziert und mit Vorhängen versehen werden. Bei den Vorhängen hilft sie auf einer geborgten Nähmaschine mit – ihre eigene steht noch im Lagerraum mit den übrigen Leipziger Möbeln.

Ihr Mann könnte sich einen weiteren Vorschuß holen – einen hat er schon bekommen; aber seine Frau ist eisern. »Keine Schulden mehr! Wir werden nur noch kaufen, was wir bar bezahlen können.«

Und das wird ein Leben lang so bleiben. Hier zeigt sich, wie unglücklich es sie machte, in Leipzig immer wieder borgen zu müssen, wenn es sich auch nur um kleine und kleinste Summen handelte.

Dann ist alles geschafft, die neue Wohnung bezogen. Sie seufzt beglückt auf: »Es wird besser werden!« Die jüngere Tochter erinnert sich noch heute daran.

Was sie nicht sagt, aber wohl denkt: »Es wird besser werden und immer besser, immer besser ... « Sie ist und bleibt ja eine Optimistin, sie glaubt an das Happy-End, lange bevor sie Romane mit Happy-End schreiben wird.

Die neue Wohnung ist – zumindest in ihren Augen – ein Juwel. Es gibt ein Kinderzimmer, ein Wohnzimmer und einen freilich fast nie benutzten Salon; es gibt natürlich auch ein Speisezimmer, das Schlafzimmer der Eltern und – als letztes Weihnachtsgeschenk für die Kinder – eine Schaukel, die im Korridor angebracht und so eifrig benutzt wird, daß die Mutter manchmal in Besorgnis gerät.

Kleinbürgerliches Idyll . . .

Und in Chemnitz findet man Freunde. Die hätte man natürlich auch in Leipzig gefunden, aber wohl kaum einladen können. Es wäre viel zu teuer gekommen. In Chemnitz kann man sich das leisten. Der Vater trat in die »Schlaraffia« ein, eine sehr beliebte Loge, in der es recht gemütlich zuging. Man traf sich, man aß, man trank, man fühlte sich wie im Schlaraffenland.

Die Mutter befreundet sich mit der Frau des Chefs, einer hübschen Berlinerin, die sich in Chemnitz ein bißchen eingeengt vorkommt. Frau Hilli ist von Berlin her anderes gewöhnt. Immerhin, sie macht das Beste aus Chemnitz, sie hat zwei Plätze in einer Proszeniumsloge im Stadttheater einmal pro Woche abonniert und nimmt ihre neue Freundin Hedwig Courths oft mit. Das Stadttheater ist erstaunlich gut, nicht zuletzt ein Verdienst des Intendanten Tauber, Vater eines jungen Schlingels, der später einmal als Richard Tauber Deutschlands berühmtester Tenor werden wird.

Für Hedwig Courths ist es nicht ganz unwichtig, in einer Proszeniumsloge zu sitzen. »Das war doch etwas anderes als die vierte Galerie in Leipzig, wo man eher ahnte als sah, was auf der Bühne vor sich ging. Jetzt waren die Schauspieler oder Sänger zum Greifen nahe . . . «

Das Jahr 1900 kommt. Der junge Kaiser hat gesagt – oder wird er es erst sagen? –: »Wir gehen herrlichen Zeiten entgegen!« Nun, es gibt bereits 59 300 öffentliche Schulen in Deutschland, in denen 8 860 000 Kinder von 137 000 Lehrern unterrichtet werden. Es gibt 22 Universitäten und Hochschulen, in denen 2600 Professoren und Dozenten 32 000 Studenten unterrichten. Die Einfuhr ist in den letzten Jahren um 31 % gestiegen, die Ausfuhr um 33 %. In Berlin hat gerade die »Sezession«, eine Vereinigung moderner Maler, ihre erste Ausstellung eröffnet. Es wird viel über Flottenverstärkung beraten, manche sind dagegen, aber der Kaiser glaubt oder weiß, daß Deutschlands Zukunft auf dem Wasser liege.

In Berlin und auch in den anderen großen deutschen Städten gibt es schon elektrisches Licht. In Chemnitz beleuchtet man vorläufig noch mit Gaslicht, aber es ist nur noch eine Frage der Zeit, bis auch hier modernisiert wird.

Im kaiserlichen Schloß hat zum Silvester des Jahres 1899 ein Dank- und Bittgottesdienst stattgefunden, gleich nach Mitternacht beginnt die sogenannte Cour, zu der die Minister, die Kommandierenden Generale, die Bischöfe und Universitätsprofessoren nebst ihren Damen eingeladen sind.

Übrigens ereignen sich in der nächsten Zeit auch gelegentlich Attentate auf Fürstlichkeiten, so zum Beispiel auf den Prinzen von Wales durch einen Anarchisten in Brüssel, es gibt Hungersnöte; wie in Indien oder Streiks, wie in Berlin. Es gibt, was viele als das Bedrohlichste empfinden, die Sozialdemokraten. Und die gibt es auch in Chemnitz, wo sie den Unternehmern viel Kopfzerbrechen bereiten.

In Chemnitz bereiten sich die Firmen für die Pariser Weltausstellung vor, auch die Firma, bei der Fritz Courths angestellt ist. Sie erhält sogar eine goldene Medaille. Fritz Courths persönlich wird mit einer silbernen Medaille ausgezeichnet, weil er schwere champagnerfarbene Glanzseide entworfen hat, mit stilisierten Nelken in verschiedenen Farbschattierungen, eingewebt und auch aufgestickt. Alles, wie es damals heißt, »in schwerem Renaissance-Stil«.

Und Hedwig Courths sagt: »Eigentlich solltest du eine Gehaltsaufbesserung verlangen.« Aber Fritz Courths ist ein bescheidener Mann. Seine Frau ist auch bescheiden – für sich selbst. Für ihren Mann ist sie es nicht. Natürlich kann man mit 6000 Mark sehr gut leben, aber mit mehr könnte man etwas mehr sparen. Sie spürt viel stärker als ihr Mann, was er wirklich wert ist – und das soll er auch wissen.

Darüber kommt es zu einem Ehekrach, dem ersten, dessen sich die Kinder später erinnern und dessen sich auch ihre Mutter erinnert, obwohl sie nie davon spricht.

Der Zank begann im Korridor. Er wurde immer lauter, die Kinder mußten unwillkürlich mithören. Der Vater war sehr ärgerlich, was selten genug vorkam, so ärgerlich, daß er erklärte, er werde fortgehen. Für immer? Doch wohl kaum. Jedenfalls greift er nach Hut und Mantel. Die Mutter hindert ihn daran, die Ausgangstür zu erreichen. Es kommt zu einer Art Ringkampf, bis Frau Hedwig plötzlich aufschreit und in Ohnmacht fällt. Fritz hat ihr, natürlich unbeabsichtigt, den Zeigefinger der linken Hand zweimal gebrochen.

Dies wird übrigens bis zu ihrem Tode sichtbar bleiben. Jedenfalls erklärt der reuige Vater, er werde nun zu seinem Chef gehen. »Obwohl nichts dabei herauskommen wird...«

Es kommt aber doch etwas dabei heraus. »Ich erhalte eine Aufbesserung von 4000 Mark im Jahr!«

»Das macht ja... das macht ja...« Frau Hedwig wagt es kaum auszusprechen. »Das macht ja 10 000 Mark im Jahr! Dann sind wir ja reiche Leute!« Und sie hat so unrecht nicht.

Ihre liebste Beschäftigung, der sie in den letzten Jahren wenig hat nachkommen können, ist nach wie vor das Lesen: Romane lesen und dann träumen. Auf die Idee, sich die Bücher, die sie lesen will, zu kaufen, kommt sie nicht. Das wäre ja eine zu große Ausgabe. Infolgedessen frequentiert sie Leihbibliotheken. Nicht eine, sondern zwei oder drei. Sie kann gar nicht genug Bücher bekommen. Und es gibt gewisse Bücher, die sie immer wieder liest. Die Marlitt zum Beispiel. Da denkt sie wohl auch an ihre Jugend zurück, an die Zeiten, da sie noch Dienstmädchen war und die Marlitt in den schon zerlesenen Exemplaren der *Gartenlaube* bei Kerzenlicht las ...

Natürlich nimmt die Familie Courths nun eine größere Wohnung in einer Neubausiedlung, eine Wohnung in der dritten Etage mit – man bedenke! – sieben Zimmern, zwei Balkons und Parkettböden. Der Vater wollte die Wohnung zuerst wegen des allzu langen Weges zu seinem Arbeitsplatz nicht, aber seine Frau blieb eisern. Sie war überzeugt, daß sich hier etwas Besonderes abspielen würde.

Sie geht jetzt noch öfter ins Theater und sieht zum Beispiel *Alt-Heidelberg,* das Stück mit dem Erbprinzen, der in die Universitätsstadt kommt und sich in eine Kellnerin namens Kathi verliebt. Diese traurig-süße Liebesgeschichte, die die Welt erobern wird, mußte auf Frau Hedwig einen entscheidenden Eindruck machen. Für sie hatte diese Geschichte eine innere Bezogenheit, zumindest glaubte sie, daß diese Bezogenheit bestände.

Später zu einem Berliner Schauspieler, der gerade wieder einmal in *Alt-Heidelberg* auftrat: »Das mag albern klingen. Aber ich war ja im Grunde doch noch ein kleines Mädchen, wenn auch verheiratet und mit zwei Kindern ausgestattet ... Ein kleines Mädchen, das von ganz unten kam. Und hier sah ich im Theater, daß ein kleines Mädchen, das auch von ziemlich weit unten kommt, kurz, daß ein kleines Mädchen von einem Erbprinzen geliebt werden kann. Daß es also auch jemand sein kann ... «

Und sie ist eigentlich schon Jemand in der Welt, wenn

auch nur in der Welt von Chemnitz. In dieser und in der folgenden Zeit gibt sie viele Einladungen. Sie lädt vor allem Schauspieler ein. Es erscheint unter anderem auch der hinreißende Erbprinz Karl-Heinz bei ihr. Ist das ein Zufall oder hat es damit zu tun, daß Karl-Heinz ein Auge auf Frau Hilli Cohres geworfen hat und diese auf ihn, was später zu einer Scheidung führen wird?

Die Schauspieler sind die interessantesten Besucher des Hauses Courths. Aber es kommen auch Offiziere, und einer verliebt sich sogar in die Frau des Hauses, allerdings ohne Erfolg; ein anderer Offizier verliebt sich in eine kleine Schneiderin namens Lena Fleischmann, die gelegentlich bei der Familie Courths arbeitet. Die Sache hat übrigens Folgen, die heute kaum mehr vorstellbar sind. Bei einer Durchsuchung des Zimmers des betreffenden Oberleutnants findet man Briefe der Fleischmann. Er wird vor ein Ehrengericht gestellt. Vorher hat er noch an die Fleischmann geschrieben – der Brief erreicht sie durch Frau Courths. In dem Brief teilt er mit, daß alles zu Ende sein müsse. Er wird dann in eine Strafgarnison versetzt, denn ein Offizier und eine Schneiderin -- unmöglich! Sie nimmt sich das Leben, Gas; Frau Hedwig ist tief erschüttert.

Sie sprach später noch oft über diesen »Fall«. Sie pflegte zu sagen: »Da erfindet man die tragischsten Situationen und merkt nicht, daß sich eine Tragödie unter den eigenen Augen abspielt ... «

Es wird nie ganz zu klären sein, ob und in welchem Maße diese Tragödie sie ermuntert hat, wieder mit dem Schreiben zu beginnen. Es ist aber nicht unwahrscheinlich, daß da eine gewisse Verbindung besteht ...

Obwohl sie nicht sehr viel Zeit hat, setzt sie sich hin und schreibt wieder.

Später hieß es oft, sie habe ihren ersten Roman an einem Küchentisch verfaßt. Friede Birkner, ihre Tochter und selbst Autorin unzähliger Romane, sagt hierzu: »Das ist ein ganz großer Quatsch! Dieser Küchentisch taucht immer wieder auf. Gegen diesen Küchentisch laufe ich an wie gegen einen Bumerang. Es war ein einfacher Holztisch, über den mein Vater später einmal eine schöne Brokatdecke hängen ließ. Und das wurde ihr Schreibtisch. Der war unten so ausgeschnitten, daß sie ihre Beine hineinschieben konnte. Aber, wie gesagt, von einem Küchentisch war nie die Rede.«

Also streichen wir den Küchentisch.

Jedenfalls schreibt sie wieder. Der Roman hat bereits einen Titel: *Licht und Schatten.* Trotz des tragischen Ereignisses, das sie – vielleicht, aber wirklich nur vielleicht – dazu gebracht hat, diesen Roman zu verfassen, überwiegt doch das freundliche Element bei weitem. Im Leben von Frau Courths geht ja jetzt alles gut. Es könnte kaum besser gehen. Und so ist es nicht verwunderlich, daß ihr erster Roman ein Happy-End bekommt.

Was soll sie mit diesem Roman anfangen? Sie weiß es nicht. »Ich hatte ja mit meinen Einsendungen an Zeitungen nicht viel Erfolg gehabt. Und wissen Sie«, erzählte sie einem Interviewer viel, viel später, 1947 oder 1948, »daran habe ich nie im Ernst gedacht. Das hielt ich für so unmöglich, daß ... Nun, ich dachte eben nicht daran.«

Da ist ein junger Redakteur des *Chemnitzer Tageblatts,* ein gewisser Paul Hermann Hartwig, den sie vom Theater her kennt. Er spielt jetzt die entscheidende Rolle.

Was nun geschieht, hat Frau Courths wiederum viel später, im Jahre 1950, selbst als ihr »eindrucksvollstes Erlebnis« geschildert, als eine Zeitung sie um einen entsprechenden Beitrag bat:

»In Chemnitz gehörten wir zur ersten Gesellschaft, unser Bekanntenkreis war sehr ausgedehnt. Zu unseren Freunden gehörten viele Künstler aller Sparten, darunter auch der Redakteur des *Chemnitzer Tageblatts,* Paul Hermann Hartwig, ein intimer Freund der Hermine Körner, ein kluger Mensch, aber mit unerträglicher Spottlust.

Gelegentlich einer Gesellschaft war er mein Tischnachbar und überfiel mich mit seiner Spottlust geradezu. – ›Schöne Frau!‹ (Das mir!) ›Wissen Sie, daß Sie Dichteraugen haben?‹

Der Spott reizte mich, ich wurde rot und trotzig und stieß hervor: ›Ich schreibe ja auch!‹

›Der Tausend? Das muß ich zu lesen bekommen!‹

Natürlich sträubte ich mich, diesem Spötter meine geliebte Arbeit auszuliefern, aber er ließ mir keine Ruhe und ich sagte zu. Am anderen Tag brachte ich ihm meine Arbeit *Licht und Schatten.*

Am nächsten Tag rief man mich ans Telefon. Mein Herr Spötter war am Apparat: ›Kleine Frau, Sie haben mir eine schlaflose Nacht bereitet. So etwas von Fehlern in einem Manuskript habe ich noch nicht erlebt. Und zweiseitig geschrieben! Sind Sie von allen Göttern verlassen? Aber Spannung und Herz! Wir bringen den Erstdruck! Schrumm!‹

Schon wollte ich beglückt abhängen, da rief er nochmals zurück: ›Halt! Wir brauchen einen schwungvollen Namen. Denn ich habe das Gefühl, eben einen Stern geboren zu haben. Aber einen Namen muß das Kind haben!‹

Darauf ich, etwas schnippisch: ›Meine Arbeit soll unter meinem Namen erscheinen!‹

›Prachtvoll! Stolz lieb’ ich den Spanier! Was sind Sie für eine Geborene?‹

›Mahler!‹

›Na also, das klingt gut! Hedwig Courths-Mahler!‹

Und das, meine lieben Leser, war meine Taufe.«

Diese Zeilen der Courths-Mahler treffen bei der Redaktion des Blattes, das sie veröffentlicht, gleichzeitig mit der Nachricht von ihrem Tod ein, im November 1950.

Aber so weit sind wir noch lange nicht.

Jahrhundertwende

Hermann Hartwig, der in einer einzigen Nacht den ersten
Roman von Hedwig Courths – jetzt Hedwig Courths-Mahler getauft – gelesen und ihr für den Erstabdruck 250 Mark
gezahlt hatte, muß erst einige Widerstände überwinden,
obwohl er immerhin Chefredakteur des *Chemnitzer Tageblatts* ist.

»Das mag ja etwas für die Frauen sein«, sagen seine Redakteure; »aber nicht für alle Frauen«, sagen andere. Und
wieder andere – denn das *Chemnitzer Tageblatt* hat viele
Redakteure: »Männer werden sowas gar nicht anrühren...«

»Ich glaube, Sie irren sich, meine Herren.«

Sie irren. Kaum ist der Courths-Mahler-Roman eine
Woche gelaufen, da steigt die Auflage des Blattes bereits.
Und die Redaktion bekommt zahllose Anfragen nach den
Nummern mit den ersten Folgen, mehr Anfragen, als nach-
geliefert werden können. So entschließt man sich nach ungefähr einer Woche, ein längeres Resumé über das zu
drucken, was – wie es in der Zeitungssprache heißt – »bis
jetzt vorgefallen ist«.

Hermann Hartwig hat große Pläne mit der Courths-Mahler. Er erscheint wieder bei ihr. »Könnten Sie uns zwei Romane pro Jahr liefern?« Sie sagt nur: »Ja.«

»Können Sie eventuell auch drei liefern?«

»Warum nicht?«

»Sie sind sehr sicher, Frau Courths – ich meine, Frau
Courths-Mahler.«

»Ich schreibe gern«, antwortet sie bescheiden.

Aber es soll zu dem Vertrag mit dem *Chemnitzer Tageblatt* nicht kommen. Brüsk verläßt Hermann Hartwig seine Stellung und geht nach Leipzig. Man munkelt so allerlei. Es soll sich um ein Mitglied des Stadttheaters handeln, mit dem er freundschaftlich verbunden ist. Keine Sängerin, ein Sänger vielmehr.

Nach einem Jahr begehen beide Selbstmord.

Darüber hat Hedwig Courths-Mahler später nie gesprochen, obwohl sie ziemlich gut Bescheid wußte. Andere, die weniger diskret waren, blieben nicht so schweigsam wie sie. Freilich, in Leipzig pfiffen es die Spatzen von den Dächern. Aber Leipzig war nicht Chemnitz. Chemnitz ist eine Welt für sich, wenn man so will. Was außerhalb von Chemnitz vorgeht, tangiert die Chemnitzer nur wenig. Was in Chemnitz vorgeht, tangiert die Welt offenbar überhaupt nicht – wie Hedwig Courths-Mahler ein paar Jahre später zu ihrem Schmerz feststellen muß.

Aber noch ist es nicht soweit.

Da Hartwig seine Pläne mit Hedwig Courths-Mahler nicht mehr durchführen kann, melden sich Redakteure anderer Chemnitzer Zeitungen. Die *Chemnitzer Allgemeine Zeitung* gewinnt das Rennen. Sie druckt *Auf falschem Boden*. Sie druckt auch *Mancher unter Euch* und *Die erste Ehe*. Alle diese Romane, die innerhalb weniger Wochen entstehen, werden von den Chemnitzern verschlungen.

Die Autorin wird über Nacht eine Lokalberühmtheit. Wo immer sie erscheint, blickt man interessiert auf. Ihre Gesellschaften, wo »man« – hauptsächlich sind es Schauspieler – sich trifft, werden gern besucht. Eingeladene bringen nicht eingeladene Freunde mit. Die Gastgeberin ist entzückt.

Natürlich gibt es auch Leute, die weniger entzückt sind.

Wie ihr Hartwig schon geweissagt hat: »Sie werden große Karriere machen und infolgedessen viele Feinde haben.« Da ist zum Beispiel eine Dame, die behauptet, der Roman *Auf falschem Boden* sei von ihr abgeschrieben worden. Sie nimmt sich einen Anwalt, der einen Schriftsatz betreffend »überraschende Ähnlichkeiten« zwischen dem Roman dieser Dame und dem der Courths-Mahler verfaßt. Und er klagt. Das Gericht kann keine überraschenden Ähnlichkeiten finden. Die Klage wird abgewiesen.

Was die Dame späterhin gemacht und ob sie weitere Romane geschrieben hat, ist unbekannt. Nicht einmal ihr Name ist überliefert, und das allein spricht schon Bände. Denn wenn die Autorin, die sich geistig bestohlen fühlte, wirklich etwas gekonnt hätte, wäre sie früher oder später auch über Chemnitz hinaus bekannt geworden – wie ja schließlich die Courths-Mahler auch.

Da ist noch ein anderer, der nicht ganz glücklich ist über den Erfolg der Hedwig Courths-Mahler: ihr eigener Mann. Fritz Courths. Schlimmer, er mißbilligt ihre literarische Arbeit. Als seine Frau ihm das *Chemnitzer Tageblatt* mit dem ersten Abdruck von *Licht und Schatten* zeigte, zuckte er nur die Achseln. Und dann zeigte sie ihm die 250 Mark, ihr Honorar für den Roman.

Abermaliges Achselzucken. Gewiß, das ist viel Geld. »Aber ...« – Wie der Satz zu Ende gehen sollte, ist nicht überliefert.

Die Autorin sprach bald darauf mit Paul Hermann Hartwig – das war natürlich noch vor seiner Abreise. Er übernahm es, bei seinem nächsten Besuch den Gatten »aufzuklären«.

»Wissen Sie eigentlich, daß Sie eine sehr erfolgreiche Frau haben?«

Fritz Courths schwieg.

»Sie wird vielleicht berühmt werden ...«

»Ich fürchte ... sie hat schließlich Pflichten ihrer Familie gegenüber. Vor allem unseren Töchtern gegenüber ...«

»Die wird sie sicher nicht vernachlässigen.«

Fritz Courths schwieg wieder. Er bemerkte nicht einmal, wie glücklich seine Frau war. Sie war so glücklich wie noch nie. Sie war so glücklich, wie sie nie geglaubt hatte, daß ein Mensch glücklich sein könne.

Ihre Tochter Friede Birkner: »Sie ging wie auf Wolken. Selbst wir merkten das, die wir doch noch Kinder waren. Und Vater? Der beste Mensch von der Welt. Immer bescheiden, immer gutmütig, immer hilfsbereit ... Aber er hatte eben das Gefühl, daß die Schriftstellerei meiner Mutter nicht gerade das Beste für das Familienleben sei. Daß einfach die Zeit nicht ausreichte, alles auf einmal zu bewältigen ... Und da war noch etwas.«

»Was?«

»Es war wohl ... nun, nicht gerade die Furcht, wohl aber die Vermutung, daß dies nicht lange so weitergehen würde. Vielleicht fürchtete er eine Enttäuschung für seine Frau und wollte sie davor bewahren.«

Aber dann kaufte die *Union Deutscher Verlagsgesellschaften* ihren neuen Roman *Die Scheinehe* für sage und schreibe 2400 Mark. Die Courths-Mahler selbst wußte nicht, daß dies für die damalige Zeit eine außerordentlich hohe Summe war. Sie würde heute einer Summe von 30 000 bis 40 000 Mark entsprechen. Und das für einen nur einmaligen Abdruck! Daß es überhaupt so etwas gab wie Abdruckrechte oder Nachdruckrechte, von Buchrechten ganz zu schweigen, wußte sie noch nicht.

Sie wußte nur: 2400 Mark waren ungeheuer viel Geld.

Sie war so überwältigt, daß sie sich das Geld in Hundertmarkscheinen auszahlen ließ und damit ihren Schreibtisch bepflasterte. Oder war es der Eßtisch?

Fritz Courths, nach Hause kommend: »Was liegt denn da herum?«

»Sieh dir's doch mal näher an!«

Er tut es. »Das ist ja...«

»Das sind 2400 Mark!«

»Soviel verdiene ich in einem Vierteljahr...«

Das sagt er nicht neidisch, er fühlt sich auch nicht zurückgesetzt. Er ist voller Bewunderung.

»Mein letzter Roman...« Zögernd fügt sie hinzu: »Vielleicht liest du ihn doch einmal?«

Er nickt. Er fühlt sich geschlagen und ist nicht einmal traurig darüber. Dazu ist er ein viel zu großzügiger und gutmütiger Mensch. Gut, wenn seine Frau in zwei oder drei Wochen so viel verdient wie er in einem Vierteljahr und wenn sie das Geld so leicht verdient... Denn leicht verdient sie es tatsächlich. Was er befürchtet hat, ist nicht eingetreten. Sie hat immer Zeit für ihn, sie hat immer Zeit für die Kinder, sie hat immer Zeit für den Haushalt – nun, dann soll sie ruhig weitermachen. Wer weiß, vielleicht stimmt es wirklich, was die anderen über sie sagen... vielleicht ist sie wirklich eine große Schriftstellerin!

Das Erstaunliche und für sie Symptomatische: sie verändert sich überhaupt nicht. Sie ist – dies wurde schon gesagt – eine Lokalberühmtheit in Chemnitz. Sie verdient Geld und, was wichtiger ist, sie weiß, daß sie immer Geld verdienen wird. Denn die Ideen für neue Romane fallen ihr zu, ohne daß sie nachdenken oder sich ernsthaft mit ihnen beschäftigen müßte. Sie könnte, wäre nicht der Haushalt, eigentlich immerfort schreiben, Tag für Tag.

Kürschners Romanhefte werden vorstellig. »Hat sie nicht zufällig etwas auf Lager?«

»Auf Lager nicht.«

Man versteht.

»Sie schreiben wohl nur, wenn etwas fest bestellt wird?«

»O nein. Ich schreibe einfach. Und dann hat es sich bis jetzt immer ergeben, daß eine Zeitung oder die *Union Deutscher Verlagsgesellschaften* ... «

»Würden Sie etwas für uns schreiben?«

»Warum nicht?«

Sie schreibt für *Kürschners Romanhefte* einige Romane: *Untreue* und *Wo ist Eva?*

Aber bevor sie beginnt, meldet sich der Redakteur der Romanhefte noch einmal bei ihr. Er will nämlich wissen, was sie zu schreiben gedenkt.

Sie lächelt. »Ich habe mir das eigentlich noch nicht überlegt. Aber morgen fange ich an.«

Der Mann ist bestürzt. »So schnell?«

»Sie wollen doch, daß ich schnell liefere?«

»Gewiß, gewiß ... Und Sie wissen heute noch nicht, was Sie schreiben werden?«

»Ehrlich gesagt ... «

»Es sei fern von mir, Frau Courths-Mahler, Ihnen einen Rat zu geben ... « Aber er tut es dann doch, und sie hört aufmerksam zu. Der Mann führt aus, was vor ihm andere schon gesagt haben, wenn auch nicht so klar: Es sei ja gut und schön, daß ihr immer etwas einfalle und daß sie dann drauflos schreiben könne. Aber vielleicht würde es nicht immer so leicht gehen ...

»Glauben Sie das im Ernst?« Sie ist nun doch etwas beunruhigt.

»Ich glaube es zwar nicht, aber Sie sollten doch ... «

»Was sollte ich?«

»Andere Autoren machen sich einen Plan. Sie verstehen...
sie skizzieren, was sie schreiben wollen.«

Das leuchtet ihr ein. »Vielleicht sollte ich auch einen Plan
machen...?«

Das ist die Geburt des sogenannten »Stoffbuches«, das
von jetzt an eine wichtige Rolle in ihrem Leben und in ihrer
Produktion spielen wird. In dieses Buch trägt sie ein, was
sie schreiben will. Es handelt sich nur um ein paar Notizen,
vielleicht um zwei oder drei Oktavseiten, die sie mit Worten
bedeckt. Übrigens mit Worten, die niemand außer ihr ent-
ziffern kann. Sie füllt das Buch in einer Art persönlicher
Stenographie. Später finden sich darin Dutzende von Stoffen.
In ein paar Monaten, vielleicht in ein paar Jahren braucht
sie nur die eine oder andere Eintragung wieder zu überflie-
gen – und der ganze Roman steht vor ihr.

Später, viel später wird sie einmal formulieren, wie sie
arbeitet. Zunächst aber geht sie noch nicht so systematisch
vor. Immerhin sieht in den Grundzügen schon alles so aus,
wie es später sein wird.

»Ich ersinne meine Stoffe in meinen sogenannten Ferien«,
schreibt sie, »in denen ich eigentlich die schwerste Arbeit
verrichte. Stenographisch notiere ich mir in kurzen Umrissen
die erdachten Stoffe und habe sie dann vorläufig aus meiner
Gedankenwelt ausgeschaltet. Komme ich dann aus den
Ferien nach Hause, nehme ich mir einen so kurz zusammen-
gefaßten Stoff vor und beginne mit der Ausarbeitung. Ich
lebe mich dann so intensiv in den Stoff ein, daß ich nichts
anderes hören und sehen mag. So arbeite ich – auch stenographisch – das Konzept in aller Ausführlichkeit aus. Bis
dieses Konzept fertig ist, bin ich in einer Art Arbeitsfieber
und lasse mich durch nichts stören. Ist das Konzept fertig,

dann kommt die Ausarbeitung der einzelnen Szenen. Das ist dann zumeist ein Vergnügen.«

Vorläufig ist noch alles ein Vergnügen. Sie macht sich ein paar Notizen, und dann beginnt sie zu schreiben.

Das Jahr 1904 ist – Fritz Courths und seine Frau wissen es noch nicht – ihr letztes Jahr in Chemnitz.

In der großen Welt geht es turbulent zu. Max Reinhardt, der junge Wiener Regisseur, eilt in Berlin von Triumph zu Triumph. Gerhart Hauptmann ist bereits als bedeutendster moderner Dramatiker deutscher Sprache anerkannt. Sensationsprozesse finden statt, unter anderem gegen den »König der Diebe«, einen Hochstapler namens Manolescu. Der junge Kaiser läßt sich Polypen aus dem Hals entfernen, um endlich den schleichenden Gerüchten entgegenzutreten, er leide, wie sein Vater, an Halskrebs. Es ist eine kleine Operation, und wenige Wochen später schon schafft er sich – eine Sensation! – gleich sechs Kraftwagen an. Kostenpunkt 12 000 Mark pro Auto.

Dem Abbruch der diplomatischen Beziehungen zwischen Rußland und Japan folgt bald ein Krieg. Niemand glaubt so recht, daß Japan eine Chance hat, aber Rußland wird schnell unterliegen.

In Paris beginnt der Prozeß gegen den Hauptmann Dreyfus noch einmal von vorn. Der deutsche Kronprinz verlobt sich. Ganz Berlin ist mit Blumen geschmückt. Das Warenhaus Wertheim am Leipziger Platz wird eröffnet – das modernste Warenhaus der Welt mit fast tausend Verkäufern.

Frankreich und England schließen eine Entente Cordiale. Anton Dvořák stirbt. Puccini schreibt die Oper *Madame Butterfly*. Der Konzern IG Farben wird gegründet.

In den Großstädten schwelgen die führenden Klassen in unerhörtem Luxus. Es entstehen Feinschmeckerlokale und große Hotels. Man redet vom Zeppelin, der letzten Sensation. Reiche Leute aus aller Welt strömen vor allem nach Berlin, aber auch nach München und Dresden.

Nach Chemnitz strömt niemand. Chemnitz ist weit weg von der Welt.

Was die Courths-Mahler angeht: Sie ist nach wie vor erfolgreich. Und sie ist überzeugt: »Die Leute werden mich wohl immer ganz gern lesen!«

Würde man sie fragen – später fragt man sie dann wirklich –, warum sie davon überzeugt ist, daß man sie immer lesen wird – sie könnte es vermutlich nicht einmal erklären. Dabei liegt die Erklärung auf der Hand. Sie schreibt nicht für eine kleine elitäre Schicht, sie schreibt für Menschen wie sie, wie ihr Mann einer ist, für die kleinen Bürger oder, wie man das manchmal nennt, für den »kleinen Mann«, obwohl ihr Publikum zu mehr als der Hälfte aus Frauen besteht.

Dieses Publikum will wohl nicht das, was man im allgemeinen Literatur nennt. Es würde vieles davon auch gar nicht verstehen. Die kleinen Leute wollen unterhalten sein, ohne daß es sie anstrengt. Warum sollten sie sich nach einem schweren Arbeitstag auch noch bei der Lektüre plagen? Sie suchen Erholung. Dafür gibt es eine Reihe von Möglichkeiten, aber eine und vielleicht die einfachste ist das Lesen leicht lesbarer Romane. Dieses Vergnügen kann man sich zu Hause leisten; man muß nicht in ein Theater gehen. Und wenn man nicht das Geld hat, sich Bücher zu kaufen, borgt man sie sich in der Leihbibliothek aus, wie es Hedwig Courths-Mahler ja auch tut.

Bücher ... »Damals dachte ich noch gar nicht an Bücher. Was ich sagen will, ist, daß ich gar nicht daran dachte, jemand würde meine Romane jemals in Buchform verlegen«, sagt sie später.

Das Leben ist so leicht geworden. Der Mann verdient genug, um seine Familie anständig zu ernähren. Die Frau verdient gut. Man kann sich also alle Wünsche erfüllen. Die Tochter Friede Birkner: »Und so extravagant waren wir damals ja noch nicht.«

Und dann geschieht, woran niemand gedacht hat: Die Familie Courths muß Abschied nehmen von Chemnitz.

Der Wendepunkt in
Köpenick

Die Geschäfte der Firma Cohrs & Michaelis sind stark zu-
rückgegangen. Warum eigentlich? Die prunkvollen Stoffe,
die sie nach den Entwürfen von Fritz Courths hergestellt
hat, geraten langsam aus der Mode. Bei Cohrs & Michaelis
kann oder will man das nicht sehen. Man glaubt, das Geschäft dort machen zu müssen, wo das Zentrum der deutschen Mode ist. Und das ist, natürlich, Berlin.

Fritz Courths wird zu seinen Chefs bestellt. »Wir machen eine Filiale in Berlin auf. Und Sie werden sie leiten.«

Als Fritz Courths seiner Frau vorsichtig mitteilt, man
würde nach Berlin oder zumindest in einen Berliner Vorort
übersiedeln, ist sie nicht einmal traurig. Es kam dann alles
doch ein bißchen anders. Nicht nur die Familie Courths,
sondern die ganze Firma siedelte nach Berlin um. Die Firma
erwarb ein Fabrikhaus im Vorort Strahlau-Rummelsburg,
wo sich die beiden Chefs niederließen. Fritz Courths fand
nichts Geeignetes in Strahlau-Rummelsburg und mietete
eine Wohnung in Köpenick. Man merkte sofort, daß seine
Frau da nicht mitgesprochen hatte, denn es handelte sich –
nach Friede Birkner – »um eine gräßliche, ungemütliche,
weit abgelegene Wohnung, in der wir uns nie wohlfühl-
ten...«

Seltsamerweise brach der gesellschaftliche Verkehr mit
den Chefs völlig ab. Das mag daran gelegen haben, daß
Frau Hilli sich von ihrem Mann oder er sich von ihr getrennt
hatte – es war nämlich herausgekommen, daß sie ein Ver-

hältnis mit einem Schauspieler vom Chemnitzer Stadttheater hatte. Es ist sogar möglich, daß dies der Grund war für den relativ überhasteten Umzug – zumindest einer der Gründe.

Köpenick also: ein häßliches Städtchen, knapp 20 000 Einwohner. Der Reiseführer aus dem Jahre 1904 – damals fand der Umzug statt – erwähnt ein königliches Schloß mit Rittersaal, eine katholische Kirche, eine Kapelle für die Protestanten. Ansonsten eine elektrische Straßenbahn, mit der man auch nach Berlin gelangt. Die Mutter sprach traurig davon, daß die Familie auf eine Insel verschlagen worden sei, und das war gar nicht so falsch, denn Köpenick lag auf einer Insel der Spree, die an dieser Stelle in die Dahme mündete. Ja, genau genommen wohnte die Familie Courths nicht einmal in Köpenick, sondern in einem Vorort von Köpenick, in Spindlersfeld, bekannt durch seine Färbereien, die freilich die Luft verpesteten; von Spindlersfeld nach Köpenick mußte man einen lärmenden und sehr langsamen Zug nehmen.

Und was konnte man in Köpenick schon anfangen? Das einzig Interessante an dem Städtchen war das Rathaus, aus roten Backsteinen gebaut. Und auch das war keineswegs besonders hübsch, wurde aber gerade in jener Zeit berühmt durch das Auftreten des Schusters Voigt, der im Volksmund alsbald »Hauptmann von Köpenick« hieß.

Das war eine tragikomische Geschichte. Der Mann hatte immer wieder im Zuchthaus gesessen, weniger weil er sich irgend etwas hatte zuschulden kommen lassen, als vielmehr, weil er keine richtigen Papiere besaß. Die waren ihm irgendwie abhanden gekommen, und er konnte ohne Arbeitsnachweis keine neuen erhalten. Aber so arbeitswillig er auch war – er durfte nicht arbeiten, weil er keine Papiere besaß. Ein Circulus vitiosus, dem Voigt ein Ende machte, als er schließlich bei einem Trödler die Uniform eines Hauptmanns erstand. In dieser Uniform kommandierte er ein paar Soldaten mitten von der Straße weg irgendwo in Berlin nach Köpenick ab; er selbst marschierte an der Spitze.

In Köpenick besetzte er das Rathaus – nicht um etwas zu rauben, sondern um sich ein Paßformular zu besorgen. Auch dies mißlang, er tauchte unter, wurde später aber dann doch gefaßt und verurteilt, ein mildes Urteil, denn »Seine Majestät hatten sich totgelacht!« Die Geschichte bewies ihm, daß in Deutschland noch Respekt vor der Uniform herrschte, was man nicht von allen Ländern sagen konnte. Und so amüsierte er sich eben nicht nur königlich, sondern kaiserlich.

Voigt, um hier seine Geschichte zu beenden, ließ sich dann im Ausland nieder, schrieb ein paar Bücher, verkaufte seine Fotografie mit Autogramm für viel Geld an alle, die ihn aufsuchten, und starb ein paar Jahre später in Ruhe und Frieden.

Nein, Frau Courths-Mahler und ihre Kinder hatten ihn persönlich nicht gesehen oder gar kennengelernt. Sie erfuhren von ihm nur aus einer Zeitung, der *Berliner Morgenpost*. In Berlin erregte der Hauptmann von Köpenick viel mehr Aufsehen als in Köpenick selbst, wo man sich »um solche Sachen« nicht kümmerte.

Die Uniform... Die Uniform war damals groß geschrieben in Berlin, in ganz Deutschland. Und sie war nicht nur ein Paradestück.

In China ist während des Boxeraufstands der deutsche Gesandte ermordet worden. Die großen Staaten Europas schicken ein Expeditionskorps, um wieder aufzuräumen, und unterstützen die Deutschen. Der Kaiser fordert offiziell auf: »Gefangene werden nicht gemacht!« Überall in der Welt

Entsetzen; auch in der deutschen Presse werden zumindest Bedenken laut.

Die ersten Familienbäder entstehen an der deutschen Ost- und Nordsee. Man bedenke: Männer und Frauen dürfen gemeinsam im Trikot baden!

Der berühmte Maler Menzel stirbt. Ein paar Wochen später fällt ein russischer Großfürst einem Attentat zum Opfer. Und Mitte 1905 das größte Fest der Uniformen: der deutsche Kronprinz heiratet.

Es war eine Lust zu leben – freilich nicht für die Familie Courths. Die Firma, die den Umzug von Chemnitz nach Berlin in die Wege geleitet hatte, ging schlecht und schlechter, das Gehalt von Fritz Courths wurde ständig gekürzt. Es war gar nicht daran zu denken, ein neues Hausmädchen zu engagieren. Man mußte sparen, sparen, sparen. Und es kam der Tag, an dem Fritz Courths erfahren mußte, daß ihn die Firma nicht mehr länger beschäftigen konnte.

Seine Frau: »Du solltest dich selbständig machen.«

Fritz Courths war nun wirklich nicht der richtige Mann dafür. Außerdem: »Im Augenblick haben wir ja kaum noch Geld ... «

Und warum arbeitete sie nicht weiter? Warum verkaufte sie nicht neue Romane, was ihr ja mit den ersten so schnell und ohne alle Schwierigkeiten gelungen war?

Dies ist eines der Rätsel im Leben der Hedwig Courths-Mahler. Sie war in Chemnitz eine Lokalberühmtheit gewesen. In Köpenick wußte vorläufig niemand, daß sie auch nur existierte, geschweige denn, daß sie Romane schrieb. Warum die Chemnitzer Zeitungen, die sich so für sie interessiert hatten, nicht Kontakt mit ihr hielten, jetzt, da sie in Köpenick wohnte? Schließlich war Köpenick ja nicht aus der Welt.

Auf alle Fälle rissen die Verbindungen zu den Chemnitzer

Zeitungen ab. Und die Redakteure rauften sich später die Haare, als sie merkten, welch einmalige Gelegenheit sie da verpaßt hatten. Später druckten sie die Courths-Mahler natürlich wieder eifrig – später, als sie berühmt geworden war. Aber was half ihr das im Augenblick?

Das wenige Geld schwand – und damit die Hoffnung, daß es jemals besser werden würde. Man war wieder einmal am Nullpunkt angelangt. Und dann kam Hedwig Courths-Mahler eine Idee.

Die Zeitungen! Der Annoncenteil! Sie hatte doch vor einigen Jahren eine Annonce gefunden, die ihrem Mann eine Stellung für 6000 Mark einbrachte! Vor einigen Jahren... es schien eine Ewigkeit her zu sein. Vielleicht würde sie unter den Annoncen wieder etwas Geeignetes finden.

Und sie fand etwas in der *Berliner Morgenpost,* einer gutbürgerlichen Zeitung mit weiter Verbreitung auch in Köpenick. Und mit einem Annoncenteil für kleine Leute. Hier wurden keine Autos angepriesen – ach Gott, wer kaufte damals schon Autos! Hier wurden Haarwuchsmittel und Korsetts aber auch kleine und mittlere Stellungen angeboten.

Ein gewisser Verleger namens Richard Tändler benutzte die *Berliner Morgenpost,* um nach Autoren Ausschau zu halten. Die Courths-Mahler hat das später oft erzählt: Er suchte Autoren für Romane, besonders Frauenromane, »mit allen Rechten«.

Hedwig Courths-Mahler fuhr kurz entschlossen nach Berlin, um sich bei Tändler vorzustellen, der ein kleines Büro irgendwo weit draußen im Westen hatte.

Richard Tändler war ihren Schilderungen zufolge ein sehr gutaussehender, dunkelhaariger und wohlbeleibter Mann, aber nicht gerade freundlich. Zuerst erzählte er ihr, er werde geradezu überlaufen von Autoren, die sich gedruckt sehen wollten. Sie verlor mehr und mehr den Mut, ihm zu sagen, wer sie überhaupt sei. Als sie es schließlich doch tat, machte ihr Name keinerlei Eindruck auf ihn. Er hatte wohl noch keine Chemnitzer Zeitung gelesen. Frau Courths-Mahler hatte in einem Umschlag einige Ausschnitte aus Chemnitzer Zeitungen mitgebracht. Er überflog sie kurz.

»Wir können es ja einmal versuchen.«

Sie war bereit, nur allzu bereit – und das spürte er. »Schlösser werden Sie nicht erben können, meine Liebe, zumindest nicht anfangs ... «

Und dann rückte er mit einem Vorschlag heraus.

»Ich zahle Ihnen für jeden Roman, den Sie mir liefern, 200 Mark.«

»Aber sehr verehrter Herr Tändler, ich habe ja schon für meinen ersten Roman in Chemnitz 250 Mark bekommen. Und nachher ... «

»Das interessiert uns hier gar nicht. Wir sind hier nicht in Chemnitz, sondern in Berlin. Sie brauchen ja mein Angebot nicht anzunehmen. Also 200 Mark pro Roman. Und sagen wir, daß ich bereit bin, Ihnen drei pro Jahr abzunehmen. Sämtliche Rechte fallen natürlich an mich.«

Die arme Frau wußte nicht, was er unter sämtlichen Rechten verstand. Dies alles sollte sie erst später lernen – und nicht zuletzt dank Tändler auf die harte Tour.

»Drei Romane im Jahr à 200 Mark ... Davon können wir nicht leben.«

Schweigen.

»Ich könnte ja mehr Romane schreiben.«

Tändler wurde neugierig. »Wieviel denn?«

»Ach, ich könnte sicher jeden Monat einen Roman liefern.«

»Um so besser, um so besser – ich meine für Sie, Frau Courths-Mahler, für Sie! Ich werde sie schon unterbringen. Aber mehr als zehn Romane kann ich sicher nicht unterbringen. Den Vertrag machen wir jedenfalls auf drei Romane pro Jahr. Dann werden wir ja weitersehen.«

Der Vertrag wurde gemacht. Ein Vertrag, der um diese Zeit in Europa, wenn nicht auf der ganzen Welt, einmalig gewesen sein dürfte.

Friede Birkner später: »Sie werden sich vielleicht wundern, daß meine Mutter einwilligte. Sie werden sagen, sie war ja sonst so tüchtig! Nun, für sich selbst war sie nie so tüchtig wie für andere. Und in jener Zeit konnte sie wohl überhaupt nicht kämpfen. Sie war, wie soll man es sagen, verausgabt, wenigstens vorübergehend. Die harte Jugend, die ersten Ehejahre, das hatte viel Kraft gekostet. Vorübergehend, wie ich schon sagte, vorübergehend ... «

Und so schrieb sie eben wieder, sie schrieb und schrieb, den ganzen Tag und den ganzen Abend. Es war das erstemal in ihrem Leben und vielleicht auch das einzige Mal, daß sie sich zur Arbeit zwingen mußte, denn es machte ihr keinen Spaß, unter solchen Bedingungen zu schreiben. Sie kam sich wie eine Sklavin vor. Sie fand kaum noch Zeit für ihre Kinder und ihren Mann, denn sie mußte zugleich schreiben und den Haushalt versorgen.

Das ging ungefähr zwei Jahre lang so. Alle paar Wochen fuhr sie nach Berlin und lieferte dem Verleger Tändler einen neuen Roman. Er muß viel Geld an ihr verdient haben, aber das verriet er ihr nie; er gab sich immer mürrisch und unzufrieden, es war, als täte er ihr einen Gefallen, wenn er ihr die Romane abnahm, und in gewisser Hinsicht war das auch der Fall.

Wovon sonst hätte die Familie leben sollen?

Nach zwei Jahren kam der Durchbruch. Hätte Tändler gewußt ... Nun, Tändler war im Grunde genommen gar kein Verleger, er war nichts weiter als ein Agent. Seine Tätigkeit bestand nur darin, die Romane weiterzuverkaufen. Er besaß weder einen Buchverlag noch einen Zeitschriftenverlag oder gar eine Zeitung. Er verkaufte die Romane von Hedwig Courths-Mahler und anderen seiner Schreibsklaven an Buchverlage und Zeitungen.

Und zufällig, es war wirklich ein Zufall, griff Hackebeil zu, ein populärer Berliner Zeitschriftenverlag, der unter anderem die *Berliner Hausfrau* verlegte. Er zahlte recht ordentliche Honorare, es waren wohl etliche tausend Mark für jeden Courths-Mahler-Roman – aber natürlich nicht an die Courths-Mahler, sondern an den Händler. Der sagte ihr nichts davon. Sie wußte natürlich, daß ihr Roman in der *Berliner Hausfrau* erschien, nicht aber, zu welchen Bedingungen. Freilich, die *Berliner Hausfrau* würde mehr als 200 Mark bezahlen. Trotzdem – wie konnte sie an Hackebeil herankommen?

Irgend jemand mußte nicht dichtgehalten haben. Noch bevor die Courths-Mahler jene vagen Pläne ausführen konnte, die ihr durch den Kopf gingen, hörte man bei Hackebeil von den Bedingungen, unter denen sie arbeitete. Und eines Tages erhielt sie einen Brief, und noch bevor sie ihn zu Ende gelesen hatte, erschien ein Abgesandter der *Berliner Hausfrau*. Man schlug vor, doch künftig für Hackebeil zu arbeiten.

»Das würde ich herzlich gern tun!« antwortete sie. »Aber ich bin an Tändler gebunden.«

Man ließ sich bei Hackebeil den Vertrag zeigen und sagte ihr, der Vertrag verstoße gegen die guten Sitten. Den könne sie mit sofortiger Wirkung kündigen. Man bot ihr sogar an, einen Anwalt zu stellen. Aber so war Hedwig Courths-Mahler nicht. »Ich werde mir die Sache überlegen. Ich werde selbst irgend etwas tun.«

Tändler war plötzlich gestorben. Seine Frau, die den sogenannten Verlag übernommen hatte, mußte feststellen, daß er arg verschuldet war. Und da kam die Courths-Mahler und sagte: »Ich möchte aus dem Vertrag heraus.«

Frau Tändler: »Das ließe sich machen, wenn Sie zahlen.« Sie überlegte einen Augenblick. »Das Zehnfache von dem, was wir Ihnen gezahlt haben.«

Die Courths-Mahler schüttelte den Kopf. »Man hat mir gesagt, der Vertrag sei wider die guten Sitten.«

»Wollen Sie einen Prozeß mit mir führen? Das würde Jahre dauern!«

Frau Courths-Mahler erschrak. Vielleicht bluffte Frau Tändler, vielleicht sagte sie die Wahrheit – wer konnte das wissen? Eines ist sicher: Hedwig Courths-Mahler konnte es damals nicht wissen. Sie hatte keinerlei Erfahrung in diesen Dingen, sie hatte noch nie einen Prozeß geführt. Sie schluckte. »Ich zahle Ihnen das Zehnfache. Aber nur für die Romane, die ich Ihnen geliefert habe. Und nur, wenn ich eine Nichtigkeitserklärung von Ihnen bekomme. Sonst . . . «

Friede Birkner später: »Frau Tändler einigte sich schnell. Denn sie brauchte das Geld.«

Vertrag mit Hackebeil. Ein neuer Roman erscheint in der *Berliner Hausfrau*. Geld kommt ins Haus.

Und Frau Hedwig ist plötzlich wie verwandelt. Sie hat wieder Lust am Leben, sie ist überzeugt, alles wird wieder gut werden.

Zuerst einmal heraus aus Köpenick! Sie mietet eine hübsche Neubauwohnung in Karlshorst. Damit ist man schon viel näher an Berlin herangerückt. Im Grunde ist Karlshorst ja schon ein Teil von Berlin. Hier wohnen viele wohlhabende Berliner Familien, hier stehen ihre Villen; es liegt auch ein bekannter Rennplatz in der Nähe, zu dem die elegante Welt pilgert. Man lebt noch nicht mitten in Berlin, aber doch schon nahe daran.

Seltsam, wie es diese sächsische Hausfrau, die zuerst elende Zeiten mitgemacht hatte und dann eine Kleinbürgerin geworden ist, nach Berlin zieht. Man könnte glauben, sie sei die geborene Großstädterin – und später wird man das auch glauben. Vorläufig also erst einmal Karlshorst.

Fritz Courths richtet sich jetzt ein Büro in Berlin ein, seine alte Firma ist sanft verschieden. Er macht auch einige Geschäfte, freilich keine großen. Er ist nicht der Typ dazu, ihm fehlt einfach die Initiative. Er tut das, was man ihm vorschlägt. Aber jetzt ist ja kein Chef mehr da, der ihm etwas vorschlagen, geschweige denn ans Herz legen oder gar befehlen könnte.

Was tut's? Die Frau verdient ja Geld, mehr als genug, um die Familie zu ernähren. Man sucht und findet Freunde. Man pflegt wieder gesellschaftlichen Verkehr. Dazu gehören wie stets Schauspieler, diesmal Berliner Schauspieler, die hier draußen wohnen. Man fährt auch nach Berlin ins Theater, vor allem ins Schillertheater Ost, und sieht dort nicht gerade erstklassige Vorstellungen, aber doch Stücke der modernen und der alten Klassiker.

Die Töchter kommen oft mit ins Theater. Ihr größtes Vergnügen aber sind die Renntage. Sie stehen dann an der Bahnhofssperre und beobachten, wie die sogenannten »Rennzüge« aus Berlin eintreffen, bewundern die Offiziere sämtlicher Waffengattungen in ihren glänzenden Uniformen und die feinen Damen in ihrer Begleitung, von denen sie nicht wissen und noch lange nicht wissen werden, daß sie nicht immer Damen sind.

Und Fritz Courths geht wieder zur »Schlaraffia«.

Die Autorin hat recht: Das Glück, das sie vorübergehend verlassen hat, kehrt wieder bei ihr ein. Eines Tages erscheinen die Herren Lange und Moiche, die Inhaber des Verlags Friedrich Rothbarth. Sie haben die Abdrucke in der *Berliner Hausfrau* gelesen und möchten die Romane gern als Bücher herausbringen. Man beginnt, das ist heute noch festzustellen, mit *Lieselottes Heirat*.

Zum erstenmal erhält die Courths-Mahler etwas, von dem sie bis dahin gar nicht wußte, daß es überhaupt existiert: Tantiemen. Fünf Prozent von jedem verkauften Buch für den Anfang. Das ist nicht viel, aber für die Courths-Mahler ein unerhörter Glücksfall... Wer hätte gedacht, daß man, nachdem ein Roman fertiggeschrieben und verkauft worden ist, noch einmal Geld dafür bekommen kann, und wenn alles gut geht, immer und immer wieder!

Es dauert gar nicht so lange, bis Rothbarth zwölf Prozent für den verkauften Band zahlen wird.

Eines Tages fährt die Courths-Mahler mit ihren Töchtern nach Berlin zu Hackebeil, um irgend etwas zu besprechen. Es ist der Nachmittag, an dem gegen fünf Uhr die neue *Berliner Hausfrau* erscheinen soll. Sie sieht zahlreiche Frauen, viele davon mit Einkaufstaschen, vor dem Eingang von Hackebeil Schlange stehen.

Eine der Töchter fragt: »Was mögen die wohl wollen?« Und die Courths-Mahler: »Wir können mal fragen.« Und sie fragt.

Die Antwort: »Heute kommt doch die *Berliner Hausfrau* heraus! Mit der Fortsetzung von der Courths-Mahler! Wir möchten alle wissen, wie es weitergeht!«

Der große Erfolg
stellt sich ein

»Die Sache ist gar nicht so ungefährlich«, sagen die Herren Lange und Moiche, Inhaber der Firma Friedrich Rothbarth in Leipzig. Sie meinen, so viele Courths-Mahler-Romane zu bringen.

Um diese Zeit ist Hedwig Courths-Mahler bereits vierzig Jahre alt. Sie hat sich durchgesetzt. Und niemand weiß das besser als die Herren vom Verlag Rothbarth, der ihr zuerst nur zwei Bücher abgenommen hatte; kaum waren sie erschienen, da holte er sich weitere vier und die nächsten zwei und veröffentlichte alle in schneller Reihenfolge; es gab ja noch eine ganze Anzahl von Romanen, die bereits als Fortsetzungen in Zeitungen erschienen sind.

Das ist eine gefährliche Sache, sagen die Herren von Rothbarth sich selbst und auch der Courths-Mahler. Mehr als ein Buch pro Jahr akzeptiert das Publikum meist nicht. Aber gar vier – oder acht? Steht die Courths-Mahler schon jetzt – im Jahre 1908/1909 – mit ihrer Produktivität ganz allein da?

Was die Herren von Rothbarth der Courths-Mahler nicht sagen, was aber kaum geleugnet werden kann; alle ihre Romane haben eine gewisse Ähnlichkeit. Sie selbst wäre die letzte, diese Tatsache zu leugnen. Sie sind, so sagen die Verlagslektoren, vor allem »positiv«.

Damit ist gemeint, daß bei ihr niemals Menschen vorkommen, die irgendwelchen Lastern anheimfallen. Undenkbar etwa, daß die Courths-Mahler Romane schreiben würde, die in einem Milieu spielen, in dem naturalistische Dramen Gerhart Hauptmanns angesiedelt sind. Es gibt bei ihr keine Trinker, keine Diebe, keine Selbstmörder; es gibt bei ihr nur anständige Menschen, die dann auch glücklich werden; sie heiraten das Mädchen, das sie lieben und das sie liebt. Gewiß, es gibt andere Menschen, die das zu verhindern versuchen; aber auch diese – nennen wir sie ruhig die »Bösen« – handeln selten aus verabscheuungswürdigen Motiven, es mag sein, daß einmal ein Fürst, der wenig Geld hat oder gar verschuldet ist, eine gute Partie machen will und bereit ist, ein Mädchen zu heiraten, das ihn gar nicht liebt und deshalb auch nicht heiraten wird. Aber das sind schon Grenzfälle. Und es kommt selten vor, daß adelige Menschen schlecht oder nicht vollkommen sind.

So erstaunlich es auch sein mag, aber bei der Courths-Mahler gibt es eigentlich nur adelige Menschen. Sie mögen arm sein, aber sie sind es fast nie durch eigene Schuld geworden. Und sie werden schließlich wieder reich. Diese adeligen Menschen, gleichgültig ob Offiziere, Gutsbesitzer oder beides, bevölkern alle ihre Romane. Sie bilden die Welt der Courths-Mahler. Sie sind immer anständig, immer vornehm – und setzen sich trotzdem durch. Eben weil das Anständige, das Gute siegen muß.

Ist das nicht merkwürdig?

Friede Birkner: »Das ist gar nicht so merkwürdig, wie es auf den ersten Blick erscheint. Meine Mutter hatte ja eine ärmliche Kindheit. Es ging ihr lange Zeit sehr schlecht; wer kann es ihr verdenken, daß sie von besseren Zeiten träumte. Dabei war ihr klar, daß sie niemals zu den ganz Feinen, also zu den Grafen, Baronen oder Gutsbesitzern gehören würde.«

Da ist eine ganz interessante Sache, die erwähnt zu werden verdient. Wenn ein Graf oder ein Baron mit einem

Gleichgestellten verkehrt, und sei es auch nur ein Bürgerlicher, so wird dieser ihn mit »Graf« oder »Baron« anreden. Nur Diener oder Angestellte werden sagen: »Herr Graf« oder »Frau Baronin«. Aber die Courths-Mahler ließ auch Gleichgestellte die Grafen und Barone mit »Herr« oder »Frau« anreden. Man könnte diesen Umstand mit der Feststellung abtun, daß sie es nicht besser wußte. Aber es ist wahrscheinlicher, daß sie es nicht besser wissen wollte. Ein Graf war eben nicht nur ein Graf, sondern ein »Herr Graf« und seine Frau nicht nur eine Gräfin, sondern eine »Frau Gräfin«. Es floß ihr einfach so aus der Feder.

Grafen, Barone, Rittmeister – Uniformen... Ihre Freude an dieser Welt war wohl nicht zuletzt aus der Zeit zu verstehen, in der eben die feinen Herrschaften die Hauptrolle spielten, und ganz besonders, wenn sie noch Uniformen trugen. Und dann gar die geheimnisumwitterten Duelle... Es ist zwar längst verboten, sich zu duellieren, aber das gilt nur für gewöhnliche Sterbliche. In feinen studentischen Corps und natürlich auch bei Offizieren duelliert man sich noch immer. Bei den Studenten kann man sich allenfalls ein paar Schmisse zuziehen, was als ehrenvoll empfunden wird. Bei den Offizieren geht es, besonders wenn eine Frau im Spiel ist, oft genug um Tod und Leben. Wenn einer fällt, ist es schlimm, wird aber meist vertuscht.

Caruso, ein junger italienischer Tenor, ist um jene Zeit über Nacht eine Sensation geworden, überall auf der Welt, vor allem in Wien, Berlin und bald auch in New York. In Berlin erhält Caruso allabendlich 12 000 Mark. Goldmark, obwohl man damals diesen Ausdruck noch nicht kennt. In Berlin ist auch ein neues Luxushotel entstanden, eines der elegantesten der Welt. Es heißt nach seinem Erbauer und Besitzer »Adlon«. Er hat annähernd eine Million Mark

Schulden gemacht, um das Werk zustande zu bringen. Der Kaiser ist in die Bresche gesprungen und zahlt jährlich 150 000 Mark, damit seine persönlichen Gäste im »Adlon« gut untergebracht werden.

Der Kaiser hält englandfeindliche Reden, die alle Welt nervös machen. Henry Ford stellt ein billiges Auto für das Volk her. Blériot überquert mit einem Flugzeug den Ärmelkanal...

»Wir wollen doch nach Berlin ziehen«, meinen die Töchter der Courths-Mahler; und es ist natürlich ausgemacht, daß sie jetzt in eine »feine« Gegend ziehen werden.

Hedwig Courths-Mahler konnte es sich ja leisten. Zwar verdiente der Mann nur unerheblich, waren die Töchter noch unversorgt, aber sie selbst verdiente jetzt mehr, als sie je für möglich gehalten hätte. Es bestand kein Grund, warum sie nicht noch viel, viel mehr verdienen sollte. Es fiel ihr ja so leicht! Es war ein Kinderspiel!

Man zog also in eine Wohnung in einem sehr guten Haus, Knesebeckstraße 12 – das war eine Querstraße zum Kurfürstendamm. Im Treppenhaus Fresken. Breite, weiße Marmorstufen führten zur Beletage. Die Familie bewohnte fünf große, hohe Zimmer. Damals war die Knesebeckstraße noch sehr still, und die Courths-Mahler sagte später: »Die Mieter sind nette, höfliche Menschen, alle grüßen mich, noch bevor ich einen Gruß anbringen kann. Na ja, das ist wohl mein Name! Ich bin in der ganzen Straße, in der ganzen Umgebung bekannt wie ein bunter Hund!« Das sagte sie übrigens ohne alle Eitelkeit, vielleicht nur mit ein bißchen Stolz.

Die Wohnung ist prächtig eingerichtet, mit gediegenen, etwas altmodischen Möbeln, weichen Teppichen und vielen Bildern, die zumindest ihrem Geschmack entsprechen.

Die ersten längeren Reisen werden unternommen. Zuerst ging es nach Krimma, einem kleinen Städtchen an der Saale mit bescheidenem Kurbetrieb, dann an die Ostsee, nach Kyssow auf Rügen, nach Swinemünde. Man fährt später auch nach Rom oder nach Wien, nach Kopenhagen und oft in die Schweiz.

Aber gearbeitet wird auf diesen Reisen nie. Es kommen ihr zwar Ideen, die sie dann in ihr Stoffbuch einträgt, aber sie arbeitet prinzipiell nur zu Hause in der Knesebeckstraße 12, in einem nicht allzu großen Zimmer, wo sie allein ist oder doch hoffen darf, daß man sie in Ruhe läßt.

Hier entsteht im Jahre 1909 *Die Bettelprinzeß*.

Diese Geschichte beginnt, wie so viele Geschichten der Hedwig Courths-Mahler, ziemlich traurig und, wie es scheint, fast aussichtslos. Sie spielt nicht nur in hohen und höchsten Kreisen, wie so viele andere Geschichten der Autorin. Warum? Wir wissen es nicht, aber wir werden es erfahren.

Da ist Maria Gisela Hochberg, die ihren Mann unter nicht geklärten Umständen verloren hat und mit ihrer fünfjährigen Tochter – denn Geld besitzt sie fast keines – in ein kleines Dorfwirtshaus zieht. Sie bleibt nicht lange am Leben. Der Wagen des Barons von Bodenhausen überfährt beinahe die fünfjährige Tochter Liselotte. Sie kann von ihrer Mutter gerade noch gerettet werden, aber Maria kommt nun selbst unter die Hufe der Pferde. Sie wird bald sterben.

Der Baron, offenbar nicht versichert, wird nicht einmal vom Gericht belangt, geschweige denn dazu verurteilt, für die Waise zu sorgen. Trotzdem sorgt er für sie, nicht gerade sehr großzügig, aber immerhin darf sie in seinem Schloß Bodenhausen leben. Auch die Baronin ist nicht eben das

Muster einer Pflegemutter. Hingegen ist Junker Hans, ungefähr acht Jahre älter als Liselotte, ihr von Anfang an sehr zugetan, obwohl es sich, zumindest vorläufig, um eine Kinderfreundschaft handelt. Ausgesprochen böse und unangenehm benimmt sich indessen Baronesse Lori von Bodenhausen, die bei jeder Gelegenheit Liselotte, die sie »Bettelprinzeß« tauft, fühlen läßt, daß sie eigentlich nur geduldet ist.

Der Baron ist bereit, mit der Tochter zusammen die Bettelprinzeß in ein Internat nach Lausanne zu schicken, wo sie Sprachen lernt und sich auch sonst gesellschaftlich vervollkommnet. Auch in Lausanne treibt Lori ihr böses Spiel mit der Pflegeschwester, und als die beiden zurückkommen, ist es dem Baron klar, daß die Bettelprinzeß schleunigst aus dem Hause muß, denn einmal ist es notwendig, daß seine Tochter sich demnächst gut verheiratet, weil es ihm nämlich finanziell schlecht geht. Auch dies ist ein Grund, warum man einen Mitesser nicht unbedingt länger als nötig im Hause haben will. Aber entscheidend ist die Überlegung des Barons und seiner Gemahlin, daß Liselotte viel hübscher ist als Lori und daß Lori wenig Chancen hätte, wenn Liselotte...

So weit, so gut! Oder vielmehr nicht gut! Denn während man noch Inserate aufgibt, um Liselotte irgendwo als Gesellschafterin unterzubringen, stellt sich Verschiedenes heraus: Einmal, daß sie Hans liebt und Hans sie liebt. Aber heiraten können sie einander natürlich nicht. Schon allein der Standesunterschied! Dann muß Hans seinerseits möglichst bald eine gute Partie machen. Aber nicht nur, daß er sich weigert – er erscheint obendrein im Schloß, um seinem betroffenen Vater mitzuteilen, daß er 10 000 Mark verspielt hat, die er in wenigen Tagen zurückzahlen muß. Wenn nicht, bleibt ihm nichts anderes übrig, als sich – natürlich – eine Kugel durch den Kopf zu schießen.

Dies alles hat Liselotte mitangehört. Sie gerät ganz außer sich, denn sie weiß – der Baron hat es ihr anvertraut –, daß ihre Mutter ihr Wertpapiere hinterlassen hat, die für ungefähr 15 000 Mark zu veräußern wären. Nun besteht sie darauf, daß diese Wertpapiere Hans anvertraut werden, damit er seine Ehrenschuld tilgen kann. Der Baron ist gerührt, Hans ganz außer sich vor Glück respektive vor Scham. Die beiden anderen Familienmitglieder erfahren erst gar nichts von der Großzügigkeit der Bettelprinzeß, das war ihre Bedingung. Und so muß sie es weiter ertragen, daß Lori ganz ungemein häßlich zu ihr ist.

Ihre einzigen Freunde bleiben weiterhin die Wirtin des Gasthofes »Weiße Taube«, in der ihre Mutter starb, Frau Schulz, und Heinrich, der Knecht dieser bescheidenen Wirtschaft.

Dort erscheint nun eines Tages eine sehr feine, schon etwas ältliche Dame mit Kammerjungfer. Sie erklärt, sie sei auf die Annonce hin gekommen und suche eine Gesellschafterin. Frau Schulz berichtet ihr nur das Beste über Liselotte. Sie läßt sich zum Baron fahren, und dieser ist natürlich nur allzu glücklich, seine Pflegetochter loszuwerden.

Als die alte Dame, die sich Gräfin von Hochberg-Lindeck nennt, die junge Liselotte sieht, die ja auch Hochberg heißt, aber nicht »von« Hochberg, geschweige denn eine Gräfin ist, erschrickt sie zutiefst. Und wir ahnen alles. Liselotte wird engagiert. Sie geht mit der alten Dame auf ein ungemein schönes Schloß, wo sie nicht nur – immerhin ist sie ja nun Gesellschafterin – drei Zimmer bewohnen darf, sondern auch eine eigene Kammerjungfer und überhaupt jeden Komfort der Neuzeit, sprich: der damaligen Zeit, zur Verfügung hat. Sie ist glücklich und wäre überglücklich, wenn...

Ja, wenn die Sache mit Hans nicht wäre. Der schreibt ihr einen Brief, in dem er ihr zum achtzehnten Geburtstag gratuliert und ihr dazu Rosen schickt. Er teilt ihr des weiteren mit, daß dies sein Abschied sei. Er liebe nur sie und wisse auch, daß sie nur ihn liebe, aber er habe kein Recht, um sie zu werben. Denn der Vater ist pleite. Das Schloß Bodenhausen wird versteigert.

Die alte Gräfin hört das alles und schließt ihre Enkelin, die nun weiß, daß sie es ist – denn an jenem achtzehnten Geburtstag mußte der Baron ihr die Papiere ihrer verstorbenen Mutter überreichen –, selig in die Arme.

Was stand in den Papieren? Die Hälfte davon wußte Liselotte bereits, nämlich daß der einzige Sohn der Gräfin von Wilderern erschossen wurde. Die andere Hälfte erfährt sie nun, teils durch die hinterlassenen Papiere ihrer Mutter, teils durch die alte Gräfin.

Ihr Sohn Botho hatte eine Bürgerliche geheiratet und war deshalb von seinem Vater verstoßen worden. Daher nannte er sich auch nicht von Hochberg, sondern nur schlicht Hochberg; seine Witwe tat das gleiche. Nun ist also Liselotte nicht mehr die Bettelprinzeß, sondern eine schwerreiche Erbin und dazu noch eine Gräfin. Darüber muß sie aber vorläufig schweigen, das befiehlt ihr die Großmutter.

Das Schloß Bodenhausen wird also versteigert. Der Notar, der schließlich alles erwirbt, erklärt dem erstaunten Baron, sein Klient sei gewillt, ihn und seine ganze Familie im Schloß wohnen zu lassen, Baron und Baronin als Verwalter, den Sohn Hans ebenfalls als Verwalter; nur Lori muß etwas zurückstecken, sie darf ihre Prachtzimmer nicht mehr bewohnen und ist außer sich – recht geschieht ihr!

78

Wie groß ist das Erstaunen des Barons und seiner Familie, als einige Tage später die alte Gräfin mit ihrer Gesellschafterin vorfährt. Und ihr Staunen wächst, als sich herausstellt, daß nicht die Gräfin das Schloß gekauft hat, sondern eben die junge Gräfin, die nun auch sofort ihrem Hans selig in die Arme sinkt.

Bei einem solchen Happy-End kann sich auch Lori nicht ausschließen, die sich bis zuletzt ziemlich unleidlich benommen hat. Sie bittet nun die allzu lange so schlecht behandelte Pflegeschwester nachträglich um Verzeihung.

Sie wird ihr gewährt!

Wir sehen noch die beiden Liebenden zum Grab von Liselottes Mutter gehen, dann folgt die kirchliche Trauung.

Die Bettelprinzeß ist keine Bettelprinzeß mehr und alle, eingeschlossen Frau Schulz und ihr Knecht Heinrich, sind glücklich.

Zur Zeit der Entstehung des Romans spielt das Kino noch keine Rolle. Wohl aber das Theater. Und schon wird *Die Bettelprinzeß* dramatisiert.

Eines Tages läßt sich ein Herr bei der Courths-Mahler melden, den sie nicht einmal dem Namen nach kennt. Er erklärt, er sei der Direktor des Luisentheaters. »Ich möchte gern Ihre Stücke aufführen!«

»Aber, lieber Herr Direktor, ich habe keine Stücke geschrieben.«

»Das macht doch nichts. Die schreiben wir.«

»Wir?«

»Das ist ganz einfach. Ihre Romane sind voller Dialoge, wirklich ausgezeichneter Dialoge; nicht das lange Gefasel der angeblich so bedeutenden Romanschriftsteller, wie zum Beispiel Thomas Mann oder Dostojewski.«

»Aber Thomas Mann und Dostojewski sind bedeutend.«

»Gewiß, gewiß. Doch ihre Sätze könnte man auf der Bühne nicht bringen. Bis die Personen mit dem fertig sind, was sie zu sagen haben, wäre das Publikum schon längst wieder auf der Straße. Ihre Sätze sind aber kurz und bündig.«

»Und Sie glauben wirklich, daß Sie das einfach auf die Bühne übertragen können ... ?«

»Kleinigkeit.«

Und in der Tat, viele Romane der Courths-Mahler werden im Luisentheater herauskommen. Es ist kein Theater erster Ordnung, es liegt im Osten von Berlin, in jenem Stadtteil, wo unzählige Leserinnen der Courths-Mahler wohnen. Zuerst haben sie bei der Lektüre geweint, jetzt weinen sie im Theater und schämen sich nicht einmal. »Es ist so wunderbar traurig!« sagen sie.

In zahlreichen Romanen der Courths-Mahler geht es so zu wie in der *Bettelprinzeß,* nämlich, daß sich ein armes Mädchen nach oben kämpft oder vielmehr nach oben kommt, ohne zu kämpfen. Es gelingt ihnen allen irgendwie, sie haben Glück, aber sie haben – darauf sieht die Autorin – verdientes Glück.

Nicht unwichtig dabei ist die Mithilfe der männlichen und weiblichen Dienstboten. Sie spielen in der Mehrzahl der Romane wichtige Rollen. Sie sind stets treu und ergeben. Sie sind immer da, auch wenn sie einmal nicht bezahlt werden können, weil die Herrschaft verarmt ist. Sie stehen Tag und Nacht zur Verfügung. Man kann das Unmöglichste von ihnen verlangen – sie führen es aus.

Oft wurde die Courths-Mahler gefragt, wie lange sie brauche, um einen Roman zu schreiben, oder besser, wie

Erste Bildseite: Das Porträt einer eleganten, schönen und sehr erfolgreichen Frau von 1909 – Hedwig Courths-Mahler im Alter von zweiundvierzig Jahren. Im gleichen Jahr entstand ihr berühmter Roman »Die Bettelprinzeß«.
Oben: Das Ehepaar Courths-Mahler. Nach ersten schriftstellerischen Versuchen hatte die junge Verkäuferin 1889 den liebenswürdigen, aber nicht sehr unternehmungslustigen Graphiker Fritz Courths geheiratet. Die Initiative in dieser überaus glücklichen Ehe ging allein von Frau Hedwig aus. *Foto: mit freundlicher Genehmigung des Süddeutschen Rundfunks, Stuttgart*
Rechte Seite: Hedwig Courths-Mahler mit ihren beiden Töchtern. Fast auf den Tag genau neun Monate nach der Hochzeit, am 19. Oktober 1889, kam Margarethe auf die Welt, zwei Jahre später folgte Friede. Nach dem Vorbild ihrer Mutter schrieben beide Töchter vielgelesene Romane. *Foto: Bellach*

Atelier Bellach   Leipzig.

»Schon manches Frauenglück wurde vernichtet, weil der Stolz einer Frau nicht
zu zeigen gestattete, was ihr Herz erfüllte ...«
(Beginn des Klappentextes zu »Zwischen Stolz und Liebe«)

Rechte Seite oben: Gruppenaufnahme aus dem Jahre 1934 am Tegernsee. Von
links nach rechts: Courths-Mahler-Tochter Margarethe und ihr Mann Karl
Elzer, Bertold Elzer mit Frau und Hedwig Courths-Mahler. *Foto: H. Hub-
mann/Quick*
Rechte Seite unten: Friede Birkner, erfolgreiche Tochter einer erfolgreichen
Mutter, 1973 in ihrem Haus in Rottach-Egern. *Foto: A. M. K. Schwarzer*

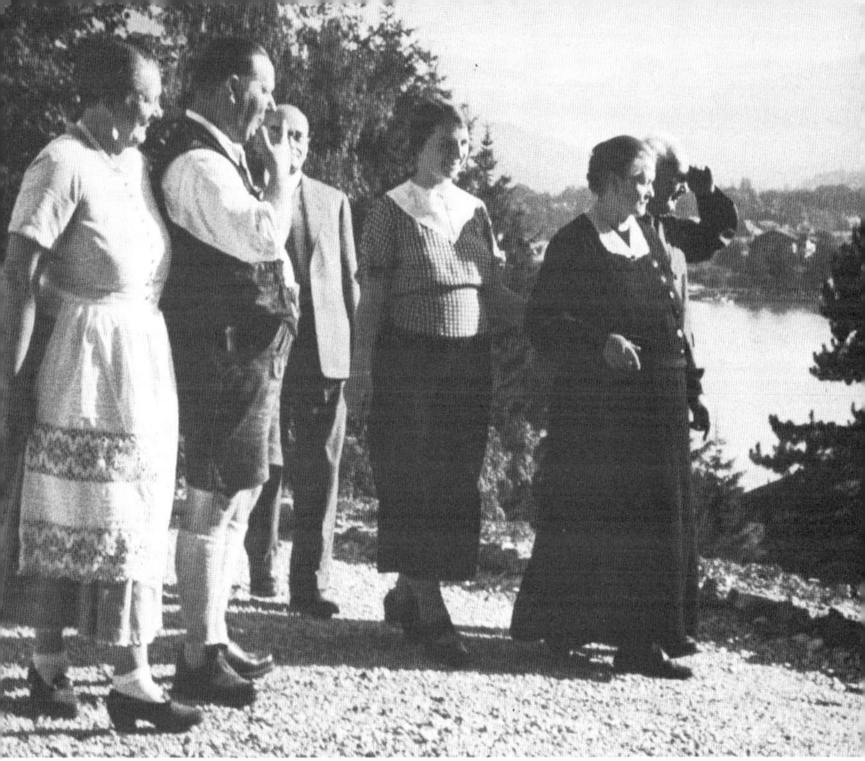

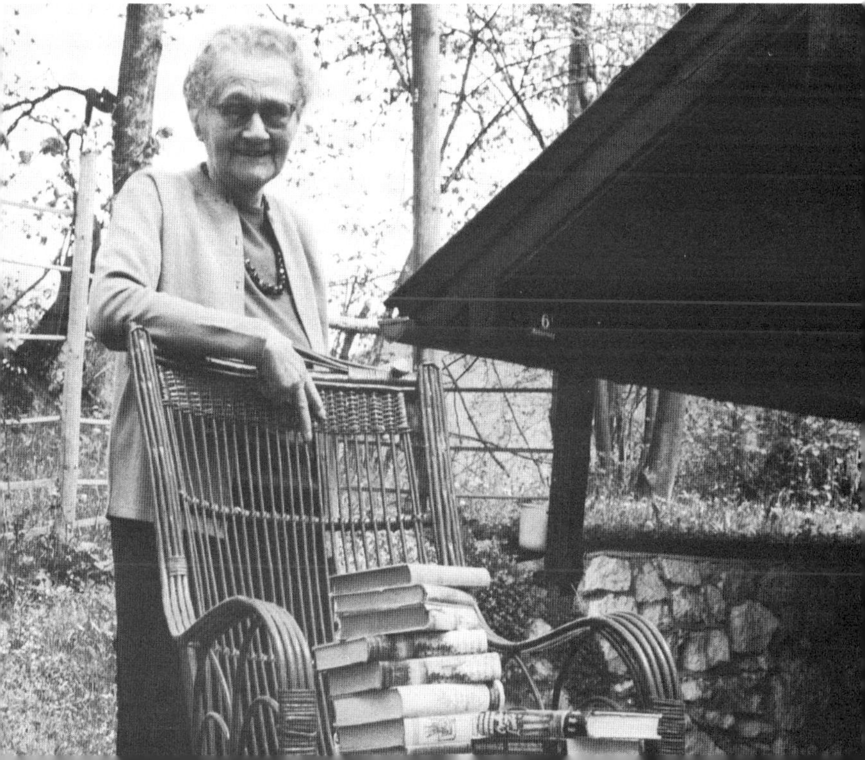

Honorarabrechnung für

für Monat _November_

Verlags-Nr.	Buchtitel	Ladenp je Stü
	Großbände:	
8	Liselottes Heirat	1
21	Amtmanns Käthe	1
22	Arbeit adelt	1
23	Auf falschem Boden	1
24	Aus erster Ehe (holzhaltig)	1
	„ „ „ (holzfrei)	1
25	Die Stiftssekretärin (holzhaltig)	1
	„ „ (holzfrei)	1
26	Die wilde Ursula	2
27	Es irrt der Mensch	2
28	Hexengold	1
29	Prinzeß Lolo	2
30	Seine Frau	2
31	Unser Weg ging hinauf	1
32	Wer wirft den ersten Stein	1
33	Zur linken Hand getraut	2
72	Arme kleine Anni	2
73	Das Amulett der Rani	2
74	Das Drama von Glossow	2
75	Das stolze Schweigen	1
76	Deines Bruders Weib	2
77	Dein ist mein Herz	2
78	Der tolle Haßberg	2
79	Diana	1
80	Die Adoptivtochter (holzhaltig)	1
	„ „ (holzfrei)	2
81	Die drei Schwestern Randolf	2
82	Die Herrin von Retzbach	1
83	Die Menschen nennen es Liebe	1
84	Die Pelzkönigin	2
85	Die schöne Kalifornierin	2

1913

Übertrag nach Seite **2**

6121. VI. 38.

H. Courths-Mahler

42. **Land:** _Schweiz_

Auslieferung		Honorar	Gesamtabsatz	
..fte Stck.	Gesamt-Ladenpreis	10 % vom Ladenpreis	am: 30/11 42	am: 31/12 42
—	— —		129, 749	129 749
—	—. —		96, 179	96 179
—	1 80		75, 939	75 940
—	— —		122, 626	122 626
—	—. —		142, 679	142 679
—	—. —		142, 679	142 679
—	—. —		67, 469	67 469
—	—		67, 469	67 469
—	—		116, 910	116 910
—	2. —		117, 465	117 466
—	—		97, 159	97 159
—	—		102, 221	102 221
—	—		125, 856	125 856
—	—		98, 417	98 417
—	—		71, 918	71 918
—	—		73, 831	73 831
—	6 —		148, 893	148 896
—	2 50		168, 988	168 991
—	—		71, 557	71 557
—	—		33, 545	33 545
—	—		110, 007	110 007
—	—		96, 948	96 948
—	—		102, 194	102 194
—	—		109, 607	109 607
—	—		162, 431	162 431
—	—		162, 431	162 431
—	—		125, 916	125 916
—	—		73, 154	73 154
—	—		62, 951	62 951
—	—		59, 531	59 531
—	—		26, 660	26 660
	17 30			

Hedwig Courths-Mahler im »Mutterhof« am Tegernsee, wo sie am 28. November 1950 starb, in einem Lehnstuhl sitzend, ein Buch der verehrten Marlitt auf dem Schoß. Viele Unterhaltungsschriftsteller verlieren sehr bald nach ihrem Tod ihre Popularität – bei der HCM war es genau umgekehrt. *Foto: H. Hubmann/Quick*

schnell sie schreibe. Sie mußte ja schnell schreiben bei ihrer großen Produktion. Eine richtige Antwort gab sie indes nie.

Und Friede Birkner: »Diese Frage ist auch nicht zu beantworten. Das ist unterschiedlich gewesen. Meine Mutter hat ja im Sommer ungern gearbeitet, ich meine während der Urlaubszeit. Aber im Winter schrieb sie schnell... Es kam vor, daß sie einen Roman in vierzehn Tagen schrieb. Und es handelte sich da nicht um kleine Romane, sondern um ausgewachsene, in Buchform 300 bis 350 Seiten.«

Dabei führt die Familie jetzt ein zeitraubendes gesellschaftliches Leben. Wie schon in Chemnitz, kommen auch in Berlin viele Schauspieler zu ihr. Es sind noch nicht die bekanntesten, die später, in den zwanziger Jahren, bei ihr zu Gast sind. Es sind vor allem jene Schauspieler vom Luisentheater, die ihre Stücke spielen, und deren Freunde. Denn das Theater ist und bleibt für die Courths-Mahler die Welt, in die es sie immer wieder drängt und die für sie mehr bedeutet als die Welt der Aristokraten, über die sie schreibt.

Ein bißchen später zieht man vom dritten Stock in die Beletage der Knesebeckstraße, ins Hochparterre also, in die feinste Wohnung im Haus, wo es auch mehr Räumlichkeiten gibt.

Aber eine sogenannte feine Dame wird Hedwig Courths-Mahler nie, sie bleibt eine betont bürgerliche Frau. Und obwohl sie Berlin liebt und sich gar nicht mehr vorstellen könnte, anderswo zu leben – sie bleibt, vielleicht sich selbst unbewußt, eine typische Kleinstädterin. Mehr als ihren über Deutschland verbreiteten Ruhm genießt sie es, daß man sie in der Nachbarschaft kennt und daß man sie beim Namen nennt, wenn sie einkaufen geht.

Dabei ist sie um diese Zeit schon eine recht wohlhabende Frau; man sagt ihr nach, sie sei Millionärin.

»Nein«, stellt die Tochter fest, »Millionärin nicht, das bedeutete ja auch damals, daß man sehr, sehr reich war. Immerhin, es hätte nicht viel zur Million gefehlt. Jedenfalls war sie reicher als es vor ein paar Jahren noch die Chefs ihres Mannes waren. Und, das weiß man vielleicht nicht, das wird man erst später schreiben oder auch laut sagen: Sie verdient viel, viel mehr Geld als die international bekannten literarischen Größen Deutschlands, als Gerhart Hauptmann, als Thomas Mann, als Heinrich Mann ... Abrechnungen von 30 000 Mark oder mehr pro Monat waren gar keine Seltenheit mehr, und das von einem Buchverlag allein, dazu noch, was die Zeitungen brachten, die Zweitdrucke, etc. Es war viel Geld!«

Es erscheint im Jahre 1912 der vielleicht bekannteste Roman, den sie je geschrieben hat: *Ich lasse Dich nicht!*

Im Klappentext heißt es: »Eine ergreifende Liebesgeschichte wird hier erzählt, oft anmutend wie eine schöne tragische Ballade. Die Liebe zwischen dem russischen Fürstensohn und dem bürgerlichen deutschen Mädchen ist hoffnungslos vom ersten Augenblick an, und die beiden Menschen wissen das. Mit fast übermenschlicher Selbstverleugnung kämpfen sie gegen das Gefühl an, das sie unwiderstehlich zueinander zieht, gehen sich aus dem Weg, um sich nicht gegenseitig zu quälen.«

Nein, diese Geschichte geht nicht gut aus, doch die Tochter des Mädchens, die schöne Sonja, wird später einen Sohn des Großfürsten heiraten – also ein Happy-End über zwei Generationen hinweg.

Wie aktuell das alles ist, denken Leser und Leserinnen. Wer hätte nicht von Großfürsten gehört und gelesen, wer hätte nicht verstanden, daß auch Großfürsten leiden können, insbesondere, wenn sie ein bürgerliches Mädchen lieben und nicht heiraten dürfen? »Zum erstenmal dachte er rebellisch über die Vorrechte der Geburt...«

Von diesem Roman sollten, freilich im Laufe vieler Jahre, annähernd eine Million Exemplare verkauft werden – allein in Deutschland.

Die seriösen Zeitungen in Berlin, deren Redakteure sich über die Courths-Mahler lustig machen, haben schließlich gemerkt, wie gut sie sich verkauft. Wie könnte man sie gewinnen? Die ziemlich weit links stehende *Welt am Montag* lädt sie ein: »Wollen Sie nicht etwas für uns schreiben?«

»Für Sie? Sie bringen doch sonst anderes...« Und dann denkt sie an ihre erste Novelle *Die Verlassene* und fügt hinzu: »Ich kann natürlich auch anders... Aber ich möchte das doch nicht unter meinem Namen veröffentlichen. Wollen wir nicht ein Pseudonym wählen?«

Es kommt ein Vertrag zustande und sie schreibt nun jede Woche eine kleine Geschichte, insgesamt ungefähr fünfzehn.

Warum? Sie wird es später sagen: »Ich hatte doch ein bißchen Angst, immer in den eingefahrenen Gleisen zu fahren. Ich wollte sehen, ob ich auch etwas anderes kann.«

Die Novellen sind Erfolge. Übrigens merken doch viele, wer sie geschrieben hat. Das Pseudonym hilft wenig, es ist leicht zu durchschauen: Relham – das sind doch die Buchstaben von Mahler in umgekehrter Reihenfolge.

Dies ist auch der Grund, warum die Courths-Mahler die Novellenserie abbricht. Aber sie wird sich selbst und der Welt zeigen, daß sie auch andere »harte« Romane schreiben kann. Sie schreibt *Wir sind allzumal Sünder* und zeichnet ihn mit ihrem Namen. Es ist gar kein schlechter Roman. Er handelt von einem jungen Mädchen, dessen Vater Bankeinbrüche begeht und sich und das Mädchen in Gefahr bringt. Dieser Roman, erst 1929 zu Ende geschrieben, ist ihr einziger Roman, der kein Erfolg wird. Denn die Leute wollen nun einmal »so etwas« von ihr nicht lesen. Bei ihr soll das Leben schön sein, nicht garstig; die Menschen dürfen keine Schwächen haben, jedenfalls keine entscheidenden.

Aber, wie gesagt, bis zu diesem Roman vergeht noch einige Zeit. Das Leben geht weiter.

Der Mann gibt sein Büro auf. Und er fügt sich ohne Schwierigkeiten in die Rolle des Mannes einer berühmten Frau. Er hadert nicht, er bekommt keine Komplexe.

Die Töchter heiraten, die älteste den Schauspieler Karl Elzner, der schon in einigen Courths-Mahler-Dramatisierungen am Luisentheater mitgewirkt hat; die jüngere den Erben des Musikverlegers Bothe & Bock, Anton Bock. Die beiden jungen Damen haben übrigens zu schreiben begonnen, Romane à la Courths-Mahler. Beide haben auch hübsche Erfolge; Friede Birkner, die jüngere, allerdings die größeren.

Und die Mutter schreibt weiter. In einem Interview erklärt sie: »Ich arbeite täglich vierzehn Stunden, wirklich täglich. Jedes Jahr verbringe ich drei Monate auf dem Lande, ich habe da ein kleines Landhaus. Das ist meine Erholungszeit, dann beschäftige ich mich mit den Themen meiner nächsten Romane. Und die arbeite ich in Berlin aus.«

1930 sagt sie: »Meine Produktion ist bis 1935 verkauft, ich muß also arbeiten. Ich wollte schon einige Male aufhören, was meine Kollegen und Kolleginnen sicherlich gefreut hätte ... «

Aber nicht die Berlinerinnen, die immer wieder Schlange stehen, wenn ein neuer Roman von ihr läuft. Und immer wieder läuft ein neuer Roman von ihr.

Die Auflagenhöhe der Jahre 1910 oder 1911 ist nur ungefähr zu schätzen. Damals wird noch nicht bekanntgegeben, wieviel Exemplare von einem Buch verkauft worden sind. Aber immerhin hat die Courths-Mahler schon an die 35 Romane geschrieben, 16 von ihnen sind in Buchform herausgekommen, darunter so erfolgreiche wie *Gib mich frei, Die wilde Ursula* und *Des anderen Ehe*.

Längst hat sie Deutschland erobert. Und sie wird bereits in acht, später in vierzehn Sprachen übersetzt. Ein kleines Wunder, über das noch zu sprechen sein wird. Denn schließlich, wenn die Romane der Courths-Mahler nicht typisch deutsch sind, welche Romane sind es dann?

Und es besteht kein Grund, warum es nicht immer so weitergehen sollte. Die Courths-Mahler ist noch nicht einmal fünfundvierzig Jahre alt, und es wäre dumm, mit so vielen Ideen im Kopf bereits aufzuhören.

Freilich, am Horizont steigt Gewölk auf. Man spricht schon 1912 von einem kommenden Krieg.

Die Welt
verändert sich

Die Familie Courths oder, wie sie sich selbst nennt, die Courthsens leben gut in der Beletage Knesebeckstraße 12. Zwei Zimmer sind von den acht Zimmern abgezweigt worden für Fritz Courths, der ja sein Büro aufgelöst hat. Er arbeitet dort sehr fleißig. Die ältere Tochter ist ausgezogen. Später werden Friede Birkner und ihr Mann in derselben Straße einige Häuser weiter wohnen.

Jedenfalls hat man viel Platz. Es gibt einen Salon, ein Musikzimmer, ein Speisezimmer, und es gibt einen kleinen Raum, den Frau Hedwig für sich reserviert hat und in dem sie arbeitet.

Es ist eine Fronarbeit. Hedwig Courths-Mahler kennt keinen Acht-Stundentag. Ihr Problem besteht nicht darin, einen Satz hinzuschreiben. Das fällt ihr leicht. Ihr Problem ist es vielmehr, daß sie von einem Roman, den sie einmal begonnen hat, nicht mehr loskommt.

In einem Interview – sie wird jetzt häufig interviewt – erklärt sie: »Es gibt Tage, da muß ich vierzehn Stunden hintereinander arbeiten, da komme ich einfach nicht los von der Arbeit – oder soll ich sagen, von der Welt, die ich geschaffen habe? Übrigens kommen mir die besten Gedanken, wenn ich mich zum Schlafen niederlege. Dann muß ich mir Notizen machen. Davon werde ich so hellwach, daß ich am liebsten gleich aufstehen möchte, um weiterzuschreiben. Es kostet einige Überwindung, im Bett zu bleiben.«

Dabei geht das, wofür die meisten Autoren viel Zeit

brauchen, bei ihr eigentlich sehr schnell: die sogenannten Vorarbeiten, in denen endgültig festgelegt wird, wie der Roman aussehen soll.

Da ist der oder die reiche Adlige, der oder die arme Verwandte auf dem Gut oder im Palais. Das Mädchen oder der Mann, das ihn, das er liebt. Und da ist irgendeine Komplikation durch äußere Umstände – sei es durch plötzlich eintretende Armut oder plötzlich eintretenden Reichtum, sei es durch einen Intriganten oder eine Intrigantin, eine, die ebenfalls den Mann liebt, den die Heldin bekommen soll oder umgekehrt.

Das sagt sich so leicht hin. Aber wie macht die Courths-Mahler das, damit es immer wieder neu wirkt? Denn es wirkt immer wieder neu, sonst würden ja die alten Leser nicht jeden neuen Roman mit Ungeduld erwarten.

Nun, Frau Courths-Mahler schreibt nicht immer vierzehn Stunden. Es gibt ja auch Zeiten, in denen sie nichts anderes zu tun hat, als Verhandlungen zu führen oder Korrekturen zu lesen, was sie nicht immer, aber doch gelegentlich tut. Aber eigentlich hat sie nie Zeit, denn wenn sie nicht arbeitet, widmet sie sich dem gesellschaftlichen Leben. Dies ist vielleicht ein bißchen großspurig ausgedrückt. Aber sie gibt wirklich viele Einladungen, es kann eigentlich jeder zu ihr kommen, der will. Sie ist immer bereit, Gäste zu empfangen; und es kommen eine Menge, vor allem Schauspieler, die sie richtig füttert. Dann bäckt sie wohl auch einen Kuchen, das heißt, sie bäckt eigentlich immer einen Kuchen, irgendwelche Biskuits und andere Leckereien, und es stehen ständig Schalen mit Konfekt und Schokolade herum. Das geschieht wohl nicht allein aus Nächstenliebe. Sie selbst ißt nämlich auch sehr gern Süßigkeiten. Und warum auch nicht? Sie hat keinerlei Anlage zum Dickerwerden. Ihr späterer Schwiegersohn, Anton Bock, sagt ihr einmal: »Weißt du eigentlich, daß du eine schöne Frau bist?« Und dann wird sie rot. Wäre es vielleicht richtiger zu sagen, daß sie eine schöne Frau geworden ist? Als junges Mädchen war sie nie unattraktiv, aber keineswegs besonders hübsch. Als junge Frau wurde sie hübsch und jetzt, in ihren Vierzigern, ist sie geradezu aufgeblüht. Sie ist eine schöne Frau. Ihr dunkelbraunes Haar ist noch ohne Silberstreifen. Die werden sich erst später einstellen. Nicht etwa, daß sie daran dächte, sie färben zu lassen. Das käme für sie nie in Frage. Auch kosmetische Mittel, die ja damals schon von aller Welt gebraucht werden, sind ihr fremd. In diesem Punkt bleibt sie das Kleinstadtmädchen aus der sächsischen Provinz.

Arbeit, Empfänge, Theater. Die Jahre eilen so dahin...

Und dann bricht der Krieg aus. Bis in die letzten Tage, ja, bis in die letzten Stunden des Juli 1914 hinein hat die Familie, vor allem Frau Hedwig, nicht an die Möglichkeit eines Krieges geglaubt. Warum? Sie glaubt dem Kaiser und den anderen Autoritäten.

Aber der Krieg ist nun trotzdem da. Und es ist nicht nur selbstverständlich, daß Frau Hedwig und ihre Angehörigen begeistert sind. Sie glühen nur so von Patriotismus. Zwei Jahre später wird sie das in ihrem Roman *Der tolle Haßberg* auch beschreiben.

»Draußen flammte die Begeisterung immer höher empor. Noch bis zum späten Abend hörte man die Menge patriotische Lieder singen. Der Krieg war wirklich da. Die Offiziere hatten die Nachricht über die Mobilmachung mit größter Begeisterung aufgenommen. Besonders die jungen Offiziere gerieten in einen förmlichen Rausch. Nun gab es doch endlich für sie eine Gelegenheit zu großen Taten...

Haßbergs Regiment war nach Belgien gekommen. Es hatte den Sturm auf Lüttich mitgemacht und nun ging es weiter, von Sieg zu Sieg. Unaufhaltsam drangen die Deutschen vor... Durch England veranlaßt, nahmen auch die heimtückischen Japaner, die sich an Deutschlands Gastfreundschaft gemästet hatten, die Gelegenheit wahr, feindlich gegen Deutschland vorzugehen. So war es von allen Seiten von Feinden umlagert. Aber: ›Viel Feind', viel Ehr'!‹ So leicht, wie͂ Deutschlands zahlreiche Feinde es sich gedacht hatten, war das Deutsche Reich nicht zu unterjochen... «

Es gibt Leute in der Umgebung von Hedwig Courths-Mahler, die weniger begeistert sind; die vorsichtig andeuten: »Vielleicht wäre es doch besser gewesen, wenn kein Krieg... «

Das kann die Courths-Mahler anfangs nicht verstehen. Sie hat immer an Autorität geglaubt, bei ihren Chefs, bei ihren Verlegern; sie will nicht glauben, daß die »höchsten Stellen« lügen, wenn sie sagen, der Krieg sei Deutschland aufgezwungen worden. Und auch nicht, wenn sie erklären, er wäre bis Weihnachten gewonnen. Curt Goetz, einer der Schauspieler, die damals viel in ihrem Hause verkehrten, sagte später dazu: »Sie war natürlich keineswegs dumm oder engstirnig. Aber sie war eben dazu erzogen worden, patriotisch zu sein, und so hielt sie den Krieg, wenn schon nicht, wie man es von den Patrioten verlangte, für etwas Wunderbares, so doch für ein notwendiges Übel.«

Als sie später die ersten Verwundeten sah – manche Transporte kamen durch die Knesebeckstraße, die ja in der Nähe des Bahnhofs Zoo liegt –, dürfte sie sich Gedanken gemacht haben. »Das ist ja furchtbar!« Aber auch da wäre ein Wort des Zweifels nie über ihre Lippen gekommen – und wahrscheinlich auch nicht in ihren Kopf.

Damals, kurz nach Kriegsbeginn, schrieb sie den Roman *Die Kriegsbraut,* einen der wenigen, die in gewissem Sinne aktuell waren, als sie entstanden. Er spielt um die Zeit vor dem Ausbruch des Weltkrieges und in den ersten Monaten dieses Krieges.

Es handelt sich natürlich wieder einmal um das arme Mädchen aus guter Familie, Rose von Lossow, die auf Schloß Falkenried aufwächst, wie sie glaubt, mehr geduldet als geliebt, obwohl sie eigentlich anständig behandelt wird, sowohl von den Falkenrieds als auch von deren Sohn Hasso. Freilich, er weiß nicht, daß sie ihn insgeheim liebt und sich geschworen hat, keinem anderen zu gehören, obwohl sie es für aussichtslos hält, daß er je zu ihr findet.

Was nun Hasso angeht, so ist zweierlei von ihm zu vermelden. Einmal, daß er irgendeine geheimnisvolle Erfindung gemacht hat, die irgend etwas mit Flugzeugen zu tun hat, will sagen: mit der Verbesserung von Flugzeugen und deren Leistungen. Was es genau ist, erfahren wir nie. Zum zweiten, daß er sich verliebt hat in Natascha von Kowalsky, die schöne Tochter eines russischen Generals, die mit ihrer Mutter nach Berlin gezogen ist, angeblich, um sich dort für immer niederzulassen.

Hasso ist so hingerissen, daß er Natascha heiraten will und auch die Mahnungen seiner Mutter zerstreut, sie könne sich nicht mit dem Gedanken befreunden, daß eine Ausländerin in die Familie käme. Die Mutter erklärt sich bereit, bei den Kowalskys zum Tee zu erscheinen. Daß Rose von Lossows weh ums Herz ist, versteht sich von selbst.

Natascha scheint noch nicht ganz entschlossen zu sein. Sie will sich die Sache mit der Verlobung noch überlegen. Auf jeden Fall verlangt sie ein Pfand von Hasso und – ausgerechnet – seine Schlüssel. Wir ahnen Schlimmes!

Und genau das trifft ein. Während Natascha Hasso mit seiner Mutter bei ihrer Mutter weiß, eilt sie in Hassos Wohnung, verschafft sich Zutritt, öffnet seinen Schreibtisch, findet die geheimen Papiere über die geheime Erfindung, paust sie schnell durch und will sich wieder entfernen – da erscheint Rose. Vielmehr erscheint sie nicht, denn sie war die ganze Zeit in der Wohnung, betritt aber jetzt das Arbeitszimmer und wundert sich über Nataschas Anwesenheit, während diese wiederum ein wenig bestürzt ist über die Unterbrechung. In ihrer Verwirrung läßt sie das von ihr erstellte Duplikat der Geheimerfindung fallen. Rose macht sie nicht darauf aufmerksam. Natascha geht unter Hinterlassung eines Briefes an Hasso wieder fort.

Der kehrt zurück, jetzt wieder im Besitz seiner Schlüssel – sie hat sie ihm wohl noch während der Teestunde bei ihrer Mutter ausgehändigt – und findet einen eher schnöden Brief Nataschas vor, in dem sie erklärt, sie habe sich alles noch einmal überlegt und mache sich doch nichts aus deutschen Männern und dergleichen mehr.

Aber das ist noch nicht alles. Hasso stellt fest, daß sein Schreibtisch in Unordnung geraten ist, daß die Geheimpapiere nicht mehr in Ordnung sind. Das kann eigentlich nur eines bedeuten.

Aber die Sache ist halb so schlimm, denn Natascha hat ja ihr Duplikat verloren, und Rose macht ihn darauf aufmerksam. Er strömt über vor Dankbarkeit. Sie hat ihm das Leben gerettet. Denn fast hätte er fahrlässigerweise seine Ehre verloren – und hätte sich wohl erschießen müssen. Immerhin läßt er sich das eine Lehre sein.

Er scheidet aus dem aktiven Dienst aus und geht auf das väterliche Gut zurück, um mit einigen Getreuen, die er mitgenommen hat, an seinen Erfindungen weiterzuarbeiten.

Frau von Falkenried indessen siecht dahin. Sie ahnt, daß ihr Ende bevorsteht und wünscht es eigentlich herbei, denn sie ahnt gleichfalls – was wir, die Leser, wissen –, daß der Weltkrieg vor der Tür steht. Und den will sie nicht mehr erleben.

Gott ist gnädig, sie stirbt vorher. Hasso von Falkenried muß natürlich einrücken; mit ihm sein bester Freund Hans, der bei den Flügen sein Beobachter war und es nun auch weiterhin sein soll. Da gibt ihm ein kleines Ereignis zu denken: Einer seiner Angestellten am Hof hat ein Mädchen geschwängert, er will sich nottrauen lassen, damit das Kind einen Namen hat, falls er fallen sollte.

Hasso stutzt. Wenn er selbst nun fällt? Dann wird das Gut an irgendeinen entfernten Verwandten fallen – und was wird dann aus Rose, die ja eigentlich in den letzten Jahren das Gut verwaltet hat und der er Dank schuldet? Vielleicht ist sie ihm mehr ans Herz gewachsen, als er selbst es weiß. Wie dem auch sei: er schlägt auch ihr eine Kriegstrauung vor – für alle Fälle.

Und dann rückt er ins Feld und absolviert viele erfolgreiche Feindflüge. Und schreibt seiner Frau, die ja noch nicht seine Frau ist, wenigstens nicht im körperlichen Sinne, liebevolle Briefe.

Neuer Zufall. Die Braut seines Freundes Hans, Pola von Steinberg, die irgendeine Rolle beim Roten Kreuz spielt, ist mit ihrem Feldlazarett in die Nähe gekommen. Hans besucht sie, Hasso kommt mit. Und entdeckt unter den Gehilfinnen – trotz Verkleidung und obwohl sie sich dick und schwer gemacht hat – Natascha von Kowalsky. Wir haben schon geahnt, daß sie ihre letzte Karte noch nicht ausgespielt hat. Sie war Spionin und ist Spionin geblieben. Obwohl sie beteuert, Deutsche zu sein und auch im Besitz deutscher

Papiere ist, sogar die einer Adligen, wird sie von Hasso schonungslos entlarvt. Man findet bei ihr auch Geheimpläne von deutschen Festungen, die, wenn wir dem Vorgesetzten von Hasso glauben dürfen, kriegsentscheidend wären, fielen sie dem Feind in die Hände.

Wie dem auch sei, die Kowalsky soll hingerichtet werden, aber Hasso hat sie einmal geliebt und bittet für sie um Gnade. Und so wird sie nur ins Gefängnis gesteckt.

Auch für Hasso geht der Krieg relativ schnell und gut aus. In Berlin befindet man nämlich, er möge weiter an seinen Erfindungen arbeiten; er kehrt also nach Hause zurück. Auch sein Freund Hans wird von der immerhin gefährlichen Front abberufen, um im Hinterland oder in der Gegend von Berlin Feindbeobachter auszubilden. Für die beiden besteht keine akute Lebensgefahr mehr. Rose und Hasso schließen sich auf dem Gut in die Arme – zum Jubel des Gesindes.

Also trotz Krieg wieder einmal ein Happy-End.

Das Ende ist vielleicht symptomatisch... Hat die Courths-Mahler an dem frisch-fröhlichen Krieg etwa schon zu zweifeln begonnen? Hält sie es nicht mehr für das größte Glück, für Kaiser und Vaterland zu fallen? Empfindet sie bereits, daß man im Hinterland jetzt besser aufgehoben ist als an der Front?

Das ist durchaus möglich. Schon ist ihr Schwiegersohn, der Schauspieler Elzner, mit einer Kopfwunde aus Rußland zurückgekommen und muß nicht mehr in den Krieg, weil er dafür »untauglich« geworden ist.

Er weilt oft zum Nachmittagskaffee bei seiner Schwiegermutter und bringt manche Kollegen mit. Es erscheinen Paul Hartmann, der jugendliche Held des Deutschen Theaters, und der bereits erwähnte Curt Goetz, einer der wenigen

Schauspieler, die in Frack und Smoking auf der Bühne nicht aussehen, als hätten sie diese Kleidungsstücke geliehen. Goetz kann ausgezeichnet Konversation machen – nicht nur auf dem Theater. Er wird sofort der Liebling der Courths-Mahler und sie seine Adoptivmutter. Sie findet ihn nicht nur amüsant, sondern auch gescheit. Auch er hält sie für gescheit und nennt sie nur »Muttchen«. In jeder Antwort kommt das Wort »Muttchen« vor. Er folgt ihr in die Küche, seinem Lieblingsaufenthalt. Er liebt es, Töpfe »auszuschlekken«... und wenn Frau Hedwig gar ihre berühmte und prächtige Weincreme zubereitet, kann er es gar nicht erwarten, den Topf auszuschlecken, besonders wenn Frau Courths-Mahler sozusagen aus Versehen ein bißchen mehr im Topf gelassen hat, als unbedingt nötig war.

Damals begann Curt Goetz auch zu schreiben. Einer seiner Einakter hieß *Minna Magdalena*. In diesem Stück muß das Dienstmädchen gleichen Namens bei einem sächsischen Professor und seiner Gattin notgedrungen sächseln. Curt Goetz erschien mit dem Manuskript. »Muttchen, Sie sprechen doch so herrlich Sächsisch – können Sie mir das ein bißchen korrigieren?« Sie mußte lachen. »Und dabei habe ich gedacht, daß ich jetzt schon typisch berlinerisch spreche!«

Und er: »Nee, Muttchen, das werden Sie wohl nie lernen! Das paßt auch gar nicht zu Ihnen ... «

Das Stück wurde, wie alle Stücke von Curt Goetz, ein großer Erfolg.

Der Krieg war Weihnachten nicht zu Ende, er ging auch 1915 nicht zu Ende. Und die Courths-Mahler schrieb und schrieb, übrigens alles mit der Hand. Sie besaß noch keine Schreibmaschine und hätte auch kaum mit ihr umgehen können.

94

1914 waren fünf ihrer Romane in Buchform erschienen; 1915 mit der *Kriegsbraut* nicht weniger als acht, nicht mitgerechnet die Romane, die zunächst erst in Zeitungen erschienen oder auch in Zeitschriften. 1916 brachte sie es sogar auf zwölf Romane. Und in diesen Romanen befanden sich *Griseldis* und *Der tolle Haßberg*.

Es spricht eigentlich alles dafür, daß dieser Roman schon in der ersten Kriegszeit geschrieben worden ist, denn je länger der Krieg dauerte, um so weniger konnte Frau Hedwig zu der Hurra-Stimmung der ersten Kriegstage zurückfinden.

Die Firma Rothbarth hatte eine großartige Idee. Sie druckte die Courths-Mahler-Romane – auch andere, aber vor allem die ihren – in Postkartengröße. Auf dem Titel befand sich der Vordruck »Für Feldpostsendungen«. Und die Briefe gingen hinaus ins Feld, wo sie verschlungen wurden. Die Feldgrauen konnten gar nicht genug davon bekommen. Ein Beweis dafür, daß die Courths-Mahler durchaus nicht nur Frauenlektüre schrieb.

Der Krieg ging weiter.

Deutschland bekam ihn jetzt zu spüren. Lebensmittel waren längst rationiert. Sie wurden auch minderwertiger. Die Gastereien bei Frau Courths-Mahler waren nicht mehr ganz so erfreulich wie früher. Man mußte mit Kaffee-Ersatz vorliebnehmen, allenfalls mit Kathreiners Malzkaffee; das Gebäck wurde aus dunklem Mehl gemacht, Kunsthonig auf das dunkle und matschige Brot gestrichen. Aber die Menschen hatten Hunger und aßen, was sie bekommen konnten. Gelegentlich wurde auch einmal etwas Besseres – erstaunlicherweise meist von der Front – gegessen. Da war zum Beispiel ein guter Freund, der Zahnarzt Fritzel, der auf Heimaturlaub kam, um für sein zahnärztliches Lazarett zu besorgen, was dringend benötigt wurde. Was er nicht bekam, war zum Beispiel Gold, um Kieferbrüche und Durchschüsse wieder zusammenzuflicken. »Damit die armen Kerle nicht als Ungeheuer wieder in die Heimat kommen. Muttchen, ich kann Ihnen versichern, da zweifelt man draußen am Gewissen der Welt. Und wieviel Gold wird nutzlos gehortet!«

Da ging Frau Hedwig aus dem Zimmer und kam gleich darauf zurück und hielt ihm ihre Hände hin. Sie waren voller Goldstücke. Sie hatte sie gesammelt, um später einmal ihre Familie vor dem Elend zu bewahren. Fritzel nahm dankbar an. Und er zeigte seine Dankbarkeit auch. Es erschienen ein paar Wochen später ein paar Kisten aus Polen mit Schinken und Speck und anderen großen, geräucherten Fleischstücken. Man hatte wieder für einige Zeit zu essen, allerdings nur für kurze Zeit, denn es durften ja alle mitessen, an der Spitze Curt Goetz, der wieder einmal Gelegenheit fand, die Töpfe auszuschlecken.

1917. Es wurde schlimmer und schlimmer. In diesem Jahr erschienen von der Courths-Mahler nur drei Bücher – »nur« drei!

»Sie müssen verstehen, gnädige Frau«, entschuldigte sich der Verlag Rothbarth, »die Papierzuteilungen ... «

Nur! Bei jedem anderen Autor hätte man das eine Rekordleistung genannt. Sie schrieb natürlich mehr, aber die anderen Romane mußten ja erst einmal in Zeitungen gedruckt werden. Unter den Büchern befand sich der besonders erfolgreiche Roman *Eine ungeliebte Frau,* der im Unterschied zu den meisten Romanen der Courths-Mahler nicht bei Grafen und Fürsten, aber doch immerhin bei sehr reichen Leuten und in Friedenszeiten spielte.

Es beginnt, wie so oft bei unserer Schriftstellerin, traurig. Eine Mutter stirbt. Sie heißt Ria Rottmann und hinterläßt eine gleichnamige und völlig unversorgte Tochter. Der Freund ihres verstorbenen Mannes und auch irgendwann einmal sein Geschäftspartner, Rolf Matern, erscheint an ihrem Sterbebett und verspricht ihr, für das Kind wie ein Vater zu sorgen.

Die junge Ria, etwa achtzehn Jahre alt, kommt nun in die palastartige Villa von Rolf Matern. Sie ist dort keineswegs willkommen. Malwine, Rolfs Frau, die sich schon seit längerer Zeit vernachlässigt fühlt, hatte heimlich die soeben Verstorbene verdächtigt, Rolfs Geliebte zu sein. Sie fühlt nun ihren Verdacht bestätigt, als sie das junge Mädchen an Kindesstatt aufnehmen soll. Sie möchte sich am liebsten weigern, tut es dann aber doch nicht, denn sie ist im Grunde genommen ein anständiger Mensch. Malwine gewinnt die junge Ria sogar lieb, bietet ihr das Du an – ihren Mann nennt sie schon immer Onkel Rolf – und alles wäre gut, wenn Malwine nicht das Gefühl hätte, daß da irgendwo ein Geheimnis ist. Und da ist auch ein Geheimnis. Es wird vorerst nur angedeutet, die Leser wissen selbst nur, daß Rolf es unter gar keinen Umständen seiner Frau preisgeben will.

Weitere Komplikationen: Da ist noch ein Sohn Heinz, Mitte zwanzig, bereits Teilhaber seines Vaters, der gerade von einer Reise zurückkommt. Er findet es gar nicht nett, plötzlich so eine Art Pflegeschwester zu haben, und benimmt sich ihr gegenüber auch nicht besonders liebenswürdig. Dabei hat sie ihn kaum gesehen und ist bereits in Liebe zu ihm entbrannt, wohl wissend, daß ihre Liebe aussichtslos ist.

Wie um ihr zu zeigen, wo ihr Platz sei, wird ein Ball im Haus gegeben, an dem sie nicht teilnehmen darf. Auf diesem

Ball nun trifft der junge Heinz eine verheiratete Frau, die es auf ihn abgesehen hat, eine sogenannte Salonschlange, die eine Zeitlang durch sein Leben geistern wird, sehr zum Entsetzen der jungen Ria.

Schließlich erfahren wir doch noch das Geheimnis: Der Reichtum von Rolf Matern war durch eine Erfindung zustande gekommen, die eigentlich das geistige Eigentum von Rias Vater war. Alles, was Rolf Matern also für sie tut, ist nur selbstverständlich. Ria selbst erfährt das Geheimnis aus einem Brief ihrer Mutter, den sie erst sehr spät zu Gesicht bekommt. Was soll sie tun? Sie kann gar nichts tun, denn alles würde ja auf den geliebten Heinz zurückfallen.

Das Ehepaar Matern ist nach einer Reise glücklich zurückgekehrt. Malwine weiß nun, daß ihr Mann nur sie liebt und daß da keine andere war. Sie ist zwar glücklich zurückgekommen, aber nicht gesund; sie hat sich erkältet, bald wird sie sich mit einer doppelseitigen Lungenentzündung hinlegen müssen, und jeder im Haus weiß, daß sie sterben muß.

Nicht genug damit.

Der alte Matern wird in seiner Fabrik von einem Stück Eisen schwer am Kopf verwundet. Sterbend bringt man ihn nach Hause. Er will Ria und vor allem auch seinem Sohn noch eine letzte Beichte ablegen. Ria verhindert das; sie sagt, sie habe alles gewußt, und fleht ihn an, seinem Sohn nichts zu sagen. Er kann seinem Sohn nur noch mitteilen, daß er von ihm verlange, gut zu Ria zu sein und immer für sie zu sorgen.

Bei Ria meldet sich ein gewisser Herr Krause, der in seinen Papieren – er war nach Amerika ausgewandert – die Duplikate der Erfindung gefunden hat und weiß, daß Rias Vater betrogen worden ist. Er will sich von ihr oder lieber noch von Heinz sein Schweigen mit Geld erkaufen. Ria bestürmt ihn, von ihr Geld anzunehmen, und bittet Heinz zu dessen Verwunderung um ihr Erbteil von 6000 Mark –, aber 14 000 Mark muß sie noch irgendwie auftreiben.

Inzwischen hat Heinz einen Entschluß gefaßt. Zwar liebt er Ria keineswegs, weiß auch nicht, daß Ria ihn liebt, er fühlt sich aber einsam und findet, in sein Haus gehöre eine Frau. Er schlägt ihr vor, sie zu heiraten. Eine Ehe zwischen Bruder und Schwester sozusagen, ohne Liebe. Zwar zerbricht sie fast daran, denn sie liebt ihn ja, aber sie willigt trotzdem in alles ein. Die Alternative wäre, aus dem Hause zu gehen, aber dann würde er, der sich so einsam fühlt, eine andere heiraten.

Dies wäre für sie ganz unerträglich. Trotzdem – sie fühlt sich als »ungeliebte Frau«.

Durch einen Zufall kommt Heinz darauf, daß Ria diesem Krause immer wieder Geld schickt. Er wird mißtrauisch. Einmal kommt er nach Hause und belauscht – rein zufällig – eine Unterhaltung zwischen Krause und Ria. Ria gibt ihm das letzte Geld, das sie, ohne Heinz zu sagen, wozu sie es braucht, von ihm erbeten hat. Nun will er wissen, was los ist.

Mit dem Mut der Verzweiflung verhindert Ria, daß Krause spricht, dem auch gar nicht wohl dabei wäre, denn im Grunde genommen hat er sie ja erpreßt und sich dadurch strafbar gemacht. Er nimmt das letzte Geld und flieht.

Ria versucht, die Papiere zu zerreißen, die sie erhalten hat – die Duplikate der Erfindung ihres Vaters. Es gelingt ihr zwar, aber die Aufregung hat sie so zermürbt, daß sie ohnmächtig wird. So kann Heinz lesen, was in den Papieren steht. Er ist fassungslos, sowohl über den Tatbestand als auch darüber, daß sein Vater nie davon gesprochen hat. Und er weiß nun, daß seine ungeliebte Frau ihn wirklich liebt. Daß er selbst sie schon seit langem liebt, weiß er inzwischen auch, und so steht einer glücklichen Ehe nichts mehr im Wege.

Das Jahr 1918 geht seinem Ende entgegen.

Der Krieg, von dem der Kaiser und seine Generale noch eben gesagt hatten, er sei so gut wie gewonnen, ist im November 1918 restlos verloren. Der Kaiser flieht nach Holland; die Revolution bricht aus. Eine Volksregierung kommt an die Macht.

Für die Courths-Mahler ist eine Welt untergegangen. Oder ist es gar nicht so plötzlich geschehen? Hat sie geahnt, daß es so kommen muß? Ist sie schon seit Jahren ohne Illusionen? Vieles spricht dafür.

Aber sie darf ihren Gedanken nicht nachhängen. Sie darf es sich nicht erlauben, verzweifelt zu sein. Sie muß ja arbeiten. Die Menschen brauchen ihre Bücher mehr denn je. Sie stehen Schlange, wo immer ein Roman in Fortsetzungen von ihr erscheint, um zu erfahren, wie es weitergeht.

Wenn sie selbst es doch wüßte!

Aber sie schreibt und schreibt und schreibt. Im Jahre 1919 erscheinen allein zehn neue Bücher von ihr. Bedeutet das mehr Geld? Ja und nein. Das Geld wird ja nicht sofort bezahlt, und bis alles abgerechnet ist, 1920/21, ist es nicht mehr das wert, was es 1919 noch wert war. Es dauert eine Weile, bis die Courths-Mahler das versteht. Wieso kann Geld an Wert verlieren? Nun, es verliert eben an Wert, zuerst nicht ganz so schnell, später dafür um so schneller. Es hat etwas begonnen, das sich Inflation nennt. Das Wort ist damals den gewöhnlichen Sterblichen, zu denen auch die

Autorin zählt, fremd. Zwar schickt der Verlag ihr auch weiterhin tolle Abrechnungen, 40 000, 50 000, 60 000 Mark pro Monat, aber was sind diese Summen ein paar Monate später noch wert? Was kann man sich dafür kaufen?

Und das zurückgelegte Vermögen, die vielen hunderttausend Goldmark, die man gespart hat? Auch die zerrinnen, auch die werden von Tag zu Tag weniger.

Die Familie muß sich einschränken. Man fährt nicht mehr ins Ausland. Man könnte es sich gar nicht leisten. Man fährt wieder an die Ostsee. Zuerst ins Swinemünder Kurhotel, im nächsten Jahr nur noch in eine gute Pension, dann in eine nicht mehr so gute Pension.

Das Dienstmädchen muß entlassen werden. Die Töchter machen traurige Gesichter, Fritz Courths versteht die Lage nicht so genau. Frau Hedwig scheint gleichgültig zu bleiben. Einmal sagt sie: »Ein Massenschicksal muß doch ertragen werden! Anderen geht es noch viel, viel schlechter.«

Sie hat recht. Andere hungern nicht nur, sie verhungern. Sie frieren nicht nur, sie erfrieren. Ganz Deutschland hungert und friert. Aber ein Massenschicksal ist eben immer zu ertragen.

Nein, Hedwig Courths-Mahler erlaubt es sich nicht, zu verzweifeln. Sie muß ja für die Familie sorgen. Und sie muß für ihre Leser sorgen. »Die sind schließlich im gewissen Sinne auch meine Kinder!«

Je schlimmer die Zeit, je verzweifelter die Zukunft aussieht, desto mehr greift man nach Kunst. Die Theater und Konzerte sind überfüllt; die Courths-Mahler-Romane sind ständig ausverkauft und müssen, wo und wie immer es möglich ist, nachgedruckt werden.

Aber gegen Ende 1923, als die Inflation zu Ende geht und eine neue Mark entsteht, die sogenannte Rentenmark, besitzt die Familie Courths nichts mehr. Sie hat alles, was an Geld vorhanden war, verbraucht. Man hat vieles verkaufen müssen, auch Schmuckstücke.

Die Courths-Mahler schreibt an ihren Verlag einen Brief. Sie braucht Geld, sie braucht unbedingt etwas Geld.

Man schickt ihr zehn Rentenmark. Das ist sehr wenig. Aber es ist ein neuer Beginn.

Böse Kritik und
herzliche Zustimmung

Es begannen, was man in Berlin und auch anderswo später
die »goldenen zwanziger Jahre« nannte. Genau genommen
hatten sie ja schon während der Inflation begonnen, in einer
Zeit, in der jeder versuchte, sein Geld möglichst schnell zu
verjubeln, weil es morgen nichts mehr wert sein würde.

Neue Moden kamen auf. Die Frauen ließen sich ihre
Haare abschneiden und trugen Bubikopf; schöne Beine –
früher weitgehend verdeckt – waren allenthalben zu sehen.
Der Jazz eroberte die Berliner Nacht, besser: die europäische
Nacht. Frauen, die in öffentlichen Lokalen, ja, sogar auf der
Straße rauchten, waren keine Seltenheit. Sport wurde mo-
dern, vor allem Boxkämpfe und Sechs-Tage-Rennen. Über-
all wurde wild getanzt – bis in den frühen Morgen hinein.

1924, im ersten Jahr nach der Inflation, geht es den
Courthsens noch ziemlich schlecht. Es dauert doch ein paar
Monate, bis wieder regelmäßig Gelder einlaufen, immerhin:
es geht wieder nach oben. Das Leben der Hedwig Courths-
Mahler ist eine wahre Berg- und Talfahrt. Aber sie ist
überzeugt und verhehlt diese Überzeugung ihrer Familie
gegenüber auch nicht: »Jetzt ist es wohl geschafft!« Und
das stimmt auch, freilich nur im Hinblick auf das Finan-
zielle. Sorgen kommen noch auf sie zu, bittere Sorgen, aber
erst zehn Jahre später wird sie wissen, daß sie sich geirrt hat.

Vorläufig sieht alles recht gut aus. Die Courths-Mahler
schreibt weiterhin Roman auf Roman, und sie werden wie
immer verschlungen. Auch die Bedingungen werden besser

und besser. Sie ist jetzt sehr gewitzt und weiß genau, was man für einen Roman bekommt, der an eine Zeitung oder Zeitschrift verkauft worden ist. Besser wäre zu sagen: was sie dafür verlangen kann. Das ersieht sie schon aus den Konkurrenzangeboten der verschiedenen Zeitungen und Zeitschriften. Danach kann sie den Roman als Buch verkaufen; oft sind die Buchrechte schon verkauft, bevor der Roman überhaupt geschrieben worden ist. Und damit steht erst einmal eine ziemlich hohe Summe – 5000 oder 10 000 Mark – ins Haus, um diese Zeit noch viel Geld. Und dann kommen die Tantiemen, Hunderttausende, da auch die Auflagen in die Hunderttausende gehen – das ist keine Übertreibung, denn sie hat ja größere Auflagen als irgendein anderer deutscher Schriftsteller. Und dann kommen die Zweitrechte, das heißt der Abdruck in Fortsetzungen in kleinen und kleinsten Zeitungen. Und dann kommt, darüber wird noch zu sprechen sein, die Verfilmung.

Als erstes kauft sich Frau Hedwig, nachdem wieder Geld hereinkommt, eine Schreibmaschine. Eine? Drei! Denn die beiden Töchter schreiben ja auch Romane. Und alle sollen jetzt mit der Schreibmaschine schreiben, auch sie selbst. Sie hat es zwar nicht gelernt, aber sie kommt sehr schnell mit dem modernen Ding da ins klare. Allerdings wird sie sich nie abgewöhnen, mit einer Gewalt auf die Tasten zu schlagen, die man einer so zarten Frau nicht zutrauen würde. Jedenfalls hört man sie zwei Zimmer weit, wenn sie auf der Schreibmaschine hämmert.

Ein Unikum: Aus den Anfangsjahren, aus den Jahren bis 1924, ist kein Manuskript der Courths-Mahler erhalten. Die ersten schrieb sie ja – Todsünde in den Augen der Setzer – zweiseitig. Später, etwa nach ihrem zweiten oder dritten Roman, begriff sie, daß ein Manuskript einseitig zu sein hat. Aber in den Druckereien und Setzereien wurde das Manuskript derart mitgenommen, daß nur noch Fetzen zurückkamen und sie diese Manuskripte – heute wären sie viel Geld wert – sofort wegwarf. Jetzt, da sie auf der Schreibmaschine schreibt, macht sie gleich einen Durchschlag. Und diese Durchschläge sind erhalten ...

Um diese Zeit, genau am 5. Dezember 1925, wird die Marlitt, ihre geliebte Marlitt, hundert Jahre alt. Und Frau Hedwig schreibt einen Artikel über die Marlitt, den Willy Haas, der Chefredakteur der *Literarischen Welt* – eine der bedeutendsten, vielleicht die bedeutendste Literaturzeitung jener Tage – persönlich erbeten hatte: Schon das war eine große Ehre. Es zeigten sich da gewisse Parallelen zwischen ihr und der Marlitt. Auch der Marlitt war es nicht immer gut ergangen. Sie hatte Sängerin werden wollen, aber ihre Karriere aufgeben müssen, weil ihr Gehör schon in früher Jugend nachließ. Sie wurde, was sie schon vorher eine Zeitlang gewesen war, Gesellschafterin bei der regierenden Fürstin Schwarzburg-Sonderhausen:

»Jahrelang begleitete Eugenie Marlitt die geliebte und verehrte Frau auf ihren Reisen, lernte Welt und Menschen außerordentlich gut kennen. In all der Zeit dachte sie nicht daran, sich schriftstellerisch zu betätigen. Erst als sie 1863 aus der Stelle bei Hof schied und sich wieder in ihrer Geburtsstadt Arnstadt ansiedelte, entdeckte sie sich selbst und schrieb Romane, die ihr die Welt eroberten.

1865 der erste Roman *Die zwölf Apostel* in der *Gartenlaube*. Sie blieb diesem Verlag eine allzeit getreue Mitarbeiterin, und die *Gartenlaube* hat es ihr nie vergessen, daß sie so viel zur Ausbreitung ihres Ruhmes beigetragen hat.«

Und: »Je mehr Erfolg, je mehr wurde sie angefeindet. Es gehörte zu den Großtaten von Literaten, sich über ihre Werke lustig zu machen. Wirklich Große der Literatur haben das nie getan. Anfeindungen gehen meist von Nichtkönnern aus, die ihr den Erfolg neideten. Ihre Anhänger behaupten, daß sie sich darüber zu Tode gegrämt hat. Sicher ist nur, daß ihr die Anfeindungen und Pamphlete bitter weh getan haben. Sie war, wie das alle starken Talente so an sich haben, überzeugt, der Welt ihr Bestes zu geben. Es mag ihr gewesen sein wie jedem, der einem anderen die Hände voll Blumen bietet und sicher ist, damit eine große Freude zu bereiten; statt dessen schlagen ihm rohe Hände die Blumen hohnlachend aus den Fingern.

Ihrem romantischen Gemüt muß es viel schmerzlicher gewesen sein als einem Künstler von heute. Ein wenig härtet man sich ja an unserer rigorosen Welt ab.«

Auch Frau Hedwig hatte allen Grund, sich abzuhärten.

Damals wurden noch recht selten Buchkritiken geschrieben und diese nur bei besonderen Anlässen. Kein Roman der Courths-Mahler gehörte zu diesen besonderen Anlässen; also wurden ihre Bücher nicht in den Zeitungen kritisiert. Sie fand das in Ordnung. Dagegen wurde sie gelegentlich interviewt. In solchen Interviews legte sie den größten Wert darauf, gewisse Dinge zu sagen. »Ich habe nie versucht, Flaubert oder Dostojewski nachzuahmen. Ich bewundere sie. Aber ich schreibe für Leute, die etwas anderes wollen ... Wahrscheinlich habe ich deshalb Erfolg gehabt, weil ich zu meinen Lesern in einer einfachen, unkomplizierten Sprache rede, weil ich ihnen bringe, was sie leicht begreifen können, was ihnen keine schweren Probleme aufgibt, und was ihnen Freude und Behagen schafft.«

Es gab übrigens für sie keine Erfolgsgeheimnisse. Sie

teilte – diesmal von der Monatszeitschrift *Der Querschnitt* befragt, einer betont intellektuellen, fast snobistischen Publikation – ganz offen mit, wie sie arbeitet. Der Artikel hieß *Mein System*. Selbstverständlich, daß sie keinen Acht-Stunden-Tag hätte. Und: »Tag und Nacht muß sich der Schriftsteller seinen Gedanken zur Verfügung stellen.« Sie erwähnte auch, daß sie ihre besten Ideen in den Ferien hätte, sie aber erst später ausarbeitete. Das hatte sie ja schon einige Male vorher gesagt. Und: »Von Stimmungen bin ich nicht abhängig, wenn ich gesund bin, bin ich auch in Stimmung. Nur dann nicht, wenn die Kinder krank sind oder wenn ihnen ein Leid widerfahren ist. Dann kann ich nicht arbeiten.«

Nein, schlechte Kritiken hatte die Courths-Mahler kaum, weil sie überhaupt keine Kritiken bekam.

Es blieb einem jungen Mann vorbehalten, sie zu kritisieren oder – sagen wir es ruhig – sie offiziell zu verspotten. Es war Hans Reimann, der sehr viel für Cabarets schrieb und gelegentlich kleine Bücher mit Witzen oder lustigen Geschichten herausgab. Er war nicht ohne Erfolg, aber Aufsehen erregte er erst, als er sich entschloß, die Courths-Mahler zu »vernichten«. Dies gelang ihm zwar nicht, aber er erlangte dadurch eine gewisse Berühmtheit.

Ein alter Trick. Wenn man sich an bekannte Persönlichkeiten anhängt, sei es positiv oder negativ, erreicht man mit ihnen eine gewisse Popularität. Dabei ist es immer günstiger, sich gegen die bekannten Persönlichkeiten zu stellen, denn Positives wird ja schon sehr viel über sie gesagt. Wer aber schimpfte schon über die Courths-Mahler, nicht etwa privat, sondern ganz öffentlich, von der Cabaret-Bühne herunter? Oder in Artikeln oder Büchern? Es war Hans Reimann.

Seine Vergangenheit war, nun, sagen wir, nicht ganz sauber und seine Zukunft sollte auch nicht erfreulich sein. In frühester Jugend war er bei der Firma Friedrich Rothbarth als Redaktionshilfe angestellt worden und hatte – das wurde jedenfalls nie bestritten – einen Griff in die Kasse getan. Deshalb schob man ihn ab. Eine Zeitlang zog er mit einem Bücherkarren von Haus zu Haus. Und dann kam, wie gesagt, das Cabaret und die Artikel gegen die Courths-Mahler.

Er nannte Frau Hedwig »Kurz-Mahleur«. Er schilderte spöttisch ihr Leben, wobei ihm ganz entging, daß sie eigentlich nie einen Vater hatte. Bei ihm heißt es etwa: »Später nahmen die Eltern des sich früh schon durch hervorragende Geistesgaben auszeichnenden Kindes ihren Wohnsitz in Leipzig.« Immerhin mußte er schon in seinem ersten Schmähartikel zugeben: »Sie hat erreicht, was Lessing zu Klopstock sagte: ›Sie wird nicht gepriesen, sie wird auch gelesen!‹« Der Artikel fand einigen Beifall, und nun legte Reimann los. Anti-Artikel auf die Courths-Mahler folgten einander mit hektischer Eile. Einer hieß *Die Pseudo-literari-sche Grippe.* Daraus: »Sie wirft dich nicht aufs Krankenlager. Aber sie verdummt, verseucht Geist und Geschmack... täglich neue Opfer fordernd: Männer, Jünglinge, Mädchen, Dienstboten, Postbeamte.«

Er warnte die Leser: »Ich beschwöre Euch: Haltet ein auf dem Pfad und besinnt Euch auf Euch selbst! Weil die Courths-Mahler in Hunderttausenden gedruckt wird, hatte der Verlag Cotta kein Papier, Goethe zu drucken... HCM ist die verkörperte Spießigkeit und Engstirnigkeit und Phantasiearmut, aber – und das ist der springende Punkt: sie ist es mit Bewußtsein... Während man gegen Detektive und Räuberscharen hart zu Werke geht, steht man der Schundliteratur ohnmächtig gegenüber...«

Und so ging es weiter und weiter.

Die Courths-Mahler ärgerte sich darüber. Und sie war ehrlich genug, es zuzugeben. Also setzte sie sich hin und schrieb einen offenen Brief an Reimann, der in zahlreichen Zeitschriften abgedruckt wurde. Er war für ihre Verhältnisse ungewöhnlich scharf und hatte eine ungeheure Wirkung.

»Sehr geehrter Herr Reimann:

Was hat Sie eigentlich so furchtbar gegen mich erbost, daß Sie immer Reklame für mich machen? Sie haben sich schon bemüht, im ›Zwiebelfisch‹ mich abzuschlachten, **noch** dazu in der sehr honetten Gesellschaft von Rudolf Herzog, Paul Oskar Höcker, Rudolf Stratz und Walter Bloem. Sie nannten diese Herren in Ihrer Geistreichigkeit männliche Hedwige und unsere Literatur Schundliteratur.

Auf den literarischen Höhen, auf denen sie voltigieren, kann und will ich mich nicht tummeln, dazu bin ich nicht schwindelfrei genug.

Ich habe mir nämlich Ihr schönes gelbes Buch *Die Dame mit den schönen Beinen* gekauft und fühle mich vollständig zerschmettert von der Fülle von Geist, die mir daraus entgegenweht.

Da kann ich freilich nicht mit.

Ich kann auch Ihren Idealen: Essen, Schlafen und unartig sein nicht nachstreben, weil ich noch viel anderes zu tun habe. Aber ich würde mich brennend gern einmal mit einem Roman nach Ihrem berühmten Muster versuchen. Da sind der Phantasie keine Grenzen gesetzt! Zum Beispiel würde ich dann schreiben: Es war einmal ein riesengroßer Geist, der sich über alle anderen erhaben dünkte und allen Menschen seine Meinung aufzwingen wollte, so sehr man sich auch wehrte. Es war ein Kopf und Körper und Beine. Er pendelte wochenlang in den gelben Feldern und fraß sich toll und voll an erbarmungslos hingeschlachteten kleinen Geistern, bis er platzte und ein gelbes Buch von sich gab. Auf der ersten Seite dieses Buches stand in leuchtenden Lettern: Ich. Und das genügte. Andere Bücher brauchte die Welt damals nicht mehr.

Wie gefällt Ihnen das? Besser als *Arme Liane*? Ich werde schon noch von Ihnen lernen, verzagen Sie nicht. Sie hoffen wohl darauf, daß ich Ihnen den scharfrichterlichen Dienst erweise und auch meinerseits eine Antwort an Sie loslasse.

Nein, verehrter Herr Reimann, ich bin ungeheuer rachgierig und tue Ihnen diesen Gefallen nicht, denn ich würde dann Reklame für Sie machen, wie Sie es kostenlos für mich tun. Seit Sie mir die Ehre erweisen, mich in verschiedenen Intervallen wegen meiner harmlosen Märchen, mit denen ich meinem Publikum einige sorglose Stunden zu verschaffen versuche, anzupöbeln, werden sie noch mehr gekauft als bisher... was meinem Verleger bedeutend mehr Freude macht als mir. Jedenfalls fühle ich mich veranlaßt, Ihnen meinen tiefgefühlten Dank zu stammeln und Ihnen im Geiste tief ergriffen die Hand zu drücken.

Gott lohne es Ihnen, edler Mann!

In gebührender Demut und Verehrung, großer Meister, Ihre noch nicht ganz zerschmetterte

Hedwig Courths-Mahler.«

Sie hatte übrigens recht. Die bösen Worte Reimanns wirkten sich als gute Reklame aus. So kam die Courths-Mahler zu Lesern, die Cabarets besuchten, die satirische Zeitschriften lasen, die bis dahin nie etwas von ihr gehört, geschweige denn etwas von ihr gekauft oder gar gelesen hatten.

Friede Birkner: »Aber ich glaube nicht, daß um diese Zeit

irgend jemand noch viel gegen die Popularität meiner Mutter hätte unternehmen können. Eines ist sicher: Reimann vermochte es nicht!«

Es ist nicht selten und eher die Regel, daß berühmte Frauen früher oder später irgendwelche Skandale haben, wenn sie nicht gar, was noch öfter der Fall ist, »skandalumwittert« sind. Es mag vielleicht nicht unwichtig sein, an dieser Stelle festzustellen, daß das bei der Courths-Mahler nie der Fall war. Reimann blieb, wenn man so will, ihr einziger Skandal, das einzige Mal, daß sie in der Öffentlichkeit diskutiert wurde, wenn man das überhaupt einen Skandal nennen will; selbst die Feststellung, daß es eigentlich ein Skandal war und daß sich dieser in weitesten Kreisen unbekannte Mann dadurch eine gewisse Popularität zu verschaffen suchte, daß er sich an eine populäre Figur gewissermaßen anhängte . . .

Aber sonst nichts. Keine Männergeschichten. Keine Frauengeschichten ihres Mannes. Die Integrität der Ehe stand nie in Frage. Mit Ausnahme dieses lächerlichen Plagiatsprozesses in Chemnitz kam Frau Hedwig nie mit Gerichten in Kontakt. Sie sprach kaum je mit Anwälten, obwohl sie wahrscheinlich gut daran getan hätte, denn sie wurde ja, namentlich zu Beginn ihrer Karriere, oft übers Ohr gehauen. Sie nahm es hin und hatte letzten Endes recht damit, ihre Energie auf ihre Arbeit zu konzentrieren und nicht auf Streitigkeiten mit Redakteuren oder Verlegern.

Sie war eine schöne Frau, noch immer oder eigentlich erst jetzt, als sie die Fünfzig erreichte, eine Frau, die man nicht so schnell vergaß, wenn man ihr einmal begegnet war. Sie selbst sah sich nie so. Sie gab sich als einfache Bürgerin. Für die Töchter waren ihr die glänzendsten und kostbarsten Toiletten niemals zu teuer. Sie selbst kümmerte sich wenig um Mode. Sie ließ ihre Kleider stets nach dem gleichen Modell schneidern und von diesen Kleidern verlangte sie vor allem, daß sie bequem waren und sie gut in ihnen arbeiten konnte. Sie besaß überhaupt keinen Schmuck mit Ausnahme einer schmalen goldenen Nadel mit einem Granatstern in der Mitte und zwei winzige Ohrringe, versehen mit einem Chrysopas.

Je mehr die Mutter verdiente, desto teureren Schmuck schenkte sie den Töchtern. In Berlin begann man schon, von diesem Schmuck der Töchter zu sprechen. Mit Mühe überredeten sie ihre Mutter, sich endlich einmal einen Pelz-mantel zu kaufen, einen schwarzen Persianermantel, der freilich meist im Schrank hängen blieb. Wenn sie ihn, immer auf Wunsch der einen oder anderen Tochter, doch einmal anzog, etwa wenn sie in die Oper fuhren oder in ein Kon-zert, war sie den ganzen Abend über nervös. »Da sitze ich hier und der teure Persianermantel hängt draußen in der Garderobe und wer weiß, was aus ihm wird!«

Ihre Freunde sagten ihr immer wieder: »Du bist doch nicht mehr die junge Frau aus Chemnitz, du bist doch eine große Dame geworden.«

Sie schüttelte lächelnd den Kopf. Bei einer Gesellschaft im Hause von Hans von Siemens zeigte sie diskret auf Nora von Siemens, die ihre Gäste begrüßte. »Siehst du«, sagte sie zu Friede Birkner, »das ist eine Dame, eine große Dame, und das werde ich nie sein.«

Was sie nicht sagte, war, daß sie nicht die geringste Lust hatte, eine große Dame zu werden.

Aber sie ging trotzdem auf große Gesellschaften, meist in Begleitung von Friede Birkner und ihrem Mann Anton Bock; aber noch lieber hatte sie es, wenn Leute zu ihr kamen. Dann wartete sie auf. Kleine Törtchen und Pralinen und kaltes Fleisch mit Mayonnaise... Wenn sie ins Kino ging, was oft geschah, versäumte sie nie, Marzipankugeln mitzunehmen. »Wenn Henny Porten aufs Schafott geführt wird oder Asta Nielsen weint, dann ist es wundervoll, ein bißchen zu knabbern«, sagte sie.

Übrigens mußte sie später aufhören zu knabbern; der Arzt stellte eine leichte Diabetis fest. Alle um sie herum mußten aufpassen, daß sie nicht doch Süßigkeiten naschte. Darin glich sie eher einem Kind. Aber das tun wohl die meisten Diabetiker.

Die Einkünfte wuchsen. Erstaunlich, daß keiner der großen literarischen Verlage in Deutschland je den Versuch machte, die Courths-Mahler herauszubringen. Nicht S. Fischer, nicht Kurt Wolff, nicht Ernst Rowohlt, nicht der Insel-Verlag. Im Ausland war es anders. In Holland wurde sie von dem honorigen Verlag De Zuid gedruckt, in Paris, sogar von Ernest Flammarion, in Schweden bei Chelius, in Budapest bei Singer & Wolffner, in Prag bei Kneka.

Dies ist um so erstaunlicher, als sie in ihren Romanen, zumindest bis spät in die zwanziger Jahre hinein, stets rein deutsche Themen behandelte. Bis zum Ende des Weltkrieges standen sogar nur deutsche Grafen, Barone und Rittmeister im Mittelpunkt ihrer Romane. Wen in Polen, Japan, Brasilien oder Chile, wen in Finnland, Ungarn oder Schweden mochte das interessieren? Aber sie interessierte eben.

Übrigens stellte sich die Courths-Mahler gegen Ende der zwanziger Jahre um. Noch einmal Friede Birkner: »Sie begriff sehr wohl, daß Uniformen nun unmodern geworden waren. Die Reichswehr betrug ja nur noch 100 000 Mann, und nur wenige Adlige waren dabei. Die Mutter schrieb nun über Großindustrielle, Kaufleute oder Konsuln... Natürlich blieb sie im allgemeinen in Milieus, die man als reich und vornehm bezeichnen darf. Aber nur noch selten traten Adlige bei ihr auf oder hohe Offiziere.«

Die Ausgaben in aller Welt hatten Briefe aus aller Welt zur Folge. Es kam sogar ein Brief aus Japan, der erst an der Universität übersetzt werden mußte und in dem der Schreiber – sie begriff nie ganz, warum – für den Roman *Zwischen Stolz und Liebe* herzlich dankte, mit der Bemerkung, wenn die Verfasserin das Porto gehabt hätte – sie sei eine arme Arbeiterin in einer Fotofabrik –, wäre der Brief schon früher abgeschickt worden.

Aus Deutschland, Österreich, der Schweiz, kurz aus dem deutschen Sprachgebiet liefen natürlich unzählige Briefe ein, aber es handelte sich nicht immer um Dankbriefe. Es waren wohl in der Überzahl Bettelbriefe; sie kamen täglich und berichteten von allem nur erdenklichem Elend. Die Briefschreiber erbaten, ja verlangten sogar Tausende, etwa um sich eine Nähmaschine, eine Schlafzimmereinrichtung oder neue Schuhe für eine ganze Familie kaufen zu können. Manche gaben auch gleich die Schuhgrößen an. Ein Brief, der ihr lange in Erinnerung blieb, bat gleich für acht Kinder um Schuhe, und »die liebe Mutter würde auch gern einen neuen Mantel haben«!

Auf der anderen Seite trafen auch kleine Geschenke ein: Handarbeiten, Bilder, Deckchen, Taschentücher, Topfpflanzen – sie erhielt so viele Topfpflanzen, das keiner, der in ihre Nähe kam, ohne Topfpflanze abziehen durfte. Und von ihren Verlegern bekam sie natürlich sehr teure Geschenke, Bronzen und Figuren aus Meißner Porzellan.

Bekannte Autoren reden von ihr fast immer voller Hochachtung, wenn nicht voller Zuneigung. Georg Hermann, damals einer der bekanntesten Berliner Autoren: »Ich kenne eine Menge Parodien auf Sie. Sie sind alle falsch. Sie, verehrte Frau, sind viel echter als alle Ihre Parodien. Sie haben den absoluten und reinen Mut zum Kitsch, weil Sie gar nicht fühlen, daß es Kitsch ist. Sie sind unnachahmlich wie Rembrandt. Jemand, der geschickt ist, kann, wenn er zehn Shaws liest, ungefähr einen elften in Shaws Manier schreiben, aber niemand wird, wenn er dreißig Romane von Ihnen liest, den einunddreißigsten schreiben können ... «

Und das erschien in der hochgestochenen *Vossischen Zeitung*.

Oder Friedrich Sieburg: »Das Nachdenken über die Schwierigkeiten, auf die das rein Unterhaltende in unserem Lande stößt, macht melancholisch. Nicht, daß uns die Mittelmäßigkeit des amerikanischen Schmökers versagt wäre! Man erinnert sich, daß unsere Intellektuellen nach dem Weltkrieg eine Aufgabe darin sahen, das Werk der harmlosen Courths-Mahler zu entlarven, an der doch wahrlich nichts zu entlarven ist ... Der Bildungsdünkel treibt uns, die schädlichste Form der Täuschung zu begünstigen. In diesem schwierigen Lande, in dem wir leben, zähmt die Bildung nicht, sondern sie macht tyrannisch.«

Ähnliches wurde von zahlreichen anderen Autoren geschrieben.

Natürlich war, wie schon erwähnt, der Film nicht an ihr vorbeigegangen. Courths-Mahler-Filme wurden schon Anfang der zwanziger Jahre produziert. Die erste Gesellschaft, die an sie herantrat, war wohl der Berliner National-Film in der Friedrichstraße. Den Herren, die mit ihr verhandelten, sagte sie: »Ich habe doch nie etwas anderes versucht als das, was Sie jetzt im Film machen. Ich habe schwer arbeitenden Menschen jenes Leben gezeigt, nach dem immer ihre Sehnsucht ging, das sie jedoch nie kennenlernen würden. Ich habe Märchen für große Kinder erdacht.« Und das, nach ihrer Ansicht, war auch der Film oder sollte es wenigstens sein. Sie hatte nicht den Wunsch, daß ein bestimmter Roman von ihr verfilmt werden sollte. Sie sagte den Filmleuten: »Meine Herren, das müssen Sie wissen, aber nicht ich. Ich bin kein Filmexperte, ich gehe nur sehr gern ins Kino und besonders gern, wenn die von mir bewunderte Asta Nielsen zu sehen ist.« Ein kleiner Faux-pas, denn die Nielsen arbeitete nicht bei der National-Film, sondern bei anderen Gesellschaften.

Sie ging gern ins Kino, las viele Bücher, alles, was die Töchter anschleppten, aber meist nur in den Ferien, und ging gelegentlich in Museen. Sie las gewisse Zeitungen und Zeitschriften und schnitt sich alles mögliche aus. Sie besaß eine ganze Sammlung von Zeitungsausschnitten. »Das könnte man ja mal brauchen!« Meist handelte es ich um Schilderungen von Städten oder Straßen, von Häusern oder Villen, von einer großen Gesellschaft, kurz, um das, was nachher in irgendeinem ihrer Romane vorkommen konnte.

Nur eines kam nie vor: ihr eigenes Leben. Sie war viel zu bescheiden, um zu glauben, daß ihr Leben die Leute interessieren würde. Eine Ausnahme machte sie: Ihren Entdecker, den Chefredakteur aus Chemnitz, ließ sie in einem Roman vorkommen, man könnte fast sagen, sie setzte ihm ein Denkmal. Schließlich hatte er sie ja »gemacht«. Und dann schrieb sie, etwa im Jahre 1927 oder 1928, den Roman *Verkaufte Seelen,* der 1929 als Buch erschien. Da spielte die Inflation eine große Rolle und da gab es sogar – einmalig für die Courths-Mahler – ein Freudenhaus und dazu noch in Argentinien!

Wie kam es eigentlich dazu? Die verwaiste Rose Rietberg, die Tochter eines Sprachforschers, Professor Rietberg, wird von ihren Vormündern betrogen... Sie soll an einen schlimmen Mann verkuppelt werden. Es gelingt ihr zwar die Flucht nach Argentinien, aber sie weiß nicht, daß ihre angeblichen Freunde, die ihr zu dieser Flucht verhelfen, sie in ein Freudenhaus »liefern« wollen. Da sie gut Spanisch spricht, begreift sie, wo sie ist, flieht von neuem und heiratet schließlich einen tüchtigen und, natürlich, deutschen Ingenieur.

Wie hat Rose Rietberg herausbekommen, daß sie sich in einem Freudenhaus befindet? Dies wird nicht verraten.

Zu vermuten steht allerdings, daß auch ihre Schöpferin Hedwig Courths-Mahler nicht genau wußte, wie es in einem Freudenhaus aussieht. Sie hat wohl nie jemanden gekannt, der ihr das hätte erzählen können. Wenn es einer ihrer Bekannten wußte, hätte er es ihr bestimmt nicht erzählt.

Sie war nicht die Frau, mit der man über diese Dinge sprach.

Rote Rosen

Wenn man Hedwig Courths-Mahler um diese Zeit gefragt hätte – Ende der zwanziger Jahre, aber eigentlich auch schon vorher –, wo sie sich am liebsten aufhalte, hätte sie unweigerlich geantwortet: »Im Theater!« Sie war ja schon in Leipzig und in Chemnitz ins Theater gegangen, aber in Berlin gab es natürlich mehr und bessere Theater. Wann immer sie konnte, ging sie zu den Premieren. Sie wurde dort sehr bald eine allseits bekannte Figur. Da gab es kaum eine Reinhardt-Premiere, kaum eine mit Kaethe Dorsch oder mit der Bergner oder mit Werner Krauß oder... Man kannte sie nicht nur im Zuschauerraum, sondern auch auf der Bühne. Da ist etwa die Geschichte mit Max Pallenberg. Pallenberg trat in einem Lustspiel auf, die Leute wollten sich totlachen, nur die Courths-Mahler in der ersten Reihe blieb ernst. In der Pause überreichte ein Logenschließer ihr einen Zettel. Darauf hatte Pallenberg geschrieben: »Frau Courths-Mahler, wenn Sie jetzt nicht lachen, dann schieße ich!« Und daraufhin mußte natürlich auch sie lachen.

Später lernte sie Pallenberg und auch seine Frau kennen, die göttliche Fritzi Massary. Sie traf überhaupt viele der von ihr so verehrten Künstler auf Gesellschaften. Da war zum Beispiel die schöne, ältliche Mistinguett aus Paris, die natürlich der Mittelpunkt jeder Gesellschaft war, auf der sie erschien. Die Courths-Mahler flüsterte ihrem Schwiegersohn Anton Bock zu: »In dem Alter noch eine so gutaussehende Frau zu sein, das ist doch wunderbar!«

Die Mistinguett hatte die Worte gehört, aber nicht verstanden. Sie kam direkt auf Bock zu und wollte auf französisch wissen: »Was hat diese Frau eben gesagt?«

Anton Bock wiederholte es. Da stutzte die Mistinguette, die an diesem Abend in einem Frackanzug aus schwarzem Samt erschienen war, dann wandte sie sich der erstaunten Courths-Mahler zu: »Meine Liebe, jeden Tag einmal Liebe und jeden Tag eine andere Liebe . . . das hält jung!«

»Und so was muß ausgerechnet mir passieren«, sagte die Courths-Mahler später.

Lieber noch als Theaterbesuche — auch in dieser Hinsicht hatte sie sich seit Chemnitz nicht geändert — waren ihr Schauspieler, die in ihr Haus kamen und sich von ihr bewirten ließen. Neben Curt Goetz kam auch Emil Jannings, groß, breit, ein bißchen zu dick, der es nie unterlassen konnte, gewagte Witze zu machen, weil er wußte, daß er die Hausfrau damit ein bißchen schockierte. Da kam die blonde, bezaubernde Käthe Haack.

Der Berliner Maler Heinrich Zille wollte immer Sächsisch mit ihr sprechen. Die Courths-Mahler: »Na, denn werd' ick man berlinern, ick kann det!« Aber sächseln konnte sie besser, wie Zille feststellte.

Da erschien die majestätische Adele Sandrock, die mit ihrem tiefen Baß alle erschreckte. Sie legte der Gastgeberin einen Arm auf die Schulter: »Machen Sie weiter so!« Und: »Wer weiß einen neuen Witz? Aber bitte einen neuen, die alten sind noch älter als ich.«

Es kam der Komiker Wilhelm Bendow und sein Partner Paul Morgan.

Furtwängler kam nicht. Sie mochte ihn nicht leiden. Denn als er sie einmal, nachdem sie einander vorgestellt worden waren, zerstreut fragte: »An welchem Theater spielen Sie?«

war es aus. Besser gestalteten sich ihre Beziehungen zu Yehudi Menuhin, wenn man von Beziehungen sprechen kann, denn sie dauerten nur zehn Sekunden.

Sie war in seinem ersten Konzert gewesen, tief beeindruckt von dem jungen Kerl im weißen Matrosenanzug, der so göttlich Violine spielte. Auf der folgenden Gesellschaft sagte ihr Schwiegersohn, sie solle doch ein paar Worte mit ihm sprechen. Sie wehrte sich: »Aber ich spreche doch kein Englisch!« Und doch faßte sie Mut, ging auf Yehudi Menuhin zu und sagte: »Du hast sehr schön gespielt!«

Und da antwortete der Junge: »Danke!« Dabei sah er die Courths-Mahler lange und ruhig an. Sie ging dann weiter und sagte später zu ihrer jüngsten Tochter: »Weißt du, der Junge ist ja viel klüger als ich. Da bin ich ja direkt verlegen.« Um jene Zeit hielten fast alle Yehudi Menuhin für ein typisches Wunderkind, das ein paar Jahre später niemanden mehr interessieren würde. Das wußte die Courths-Mahler besser. »Wir werden noch viel von ihm hören«, bemerkte sie. »Er ist ein Genie.« Darauf ihr Schwiegersohn Anton Bock: »Du bist ja gescheiter als wir alle!«

Beschäftigen wir uns wieder, für einige Augenblicke, mit der Schriftstellerin Hedwig Courths-Mahler. Im Jahre 1924 sind dreizehn(!) Bücher von ihr herausgekommen; das dürfte wohl ein Weltrekord sein. Im Jahre 1925 acht, 1926 zehn, 1927 »nur« sechs, 1928 »immerhin« sieben, 1929 außer den *Verkauften Seelen* fünf.

Wirklich, wer es sich vorgenommen hat, alles zu lesen, was die Courths-Mahler schreibt, muß sich sputen. Denn hier handelt es sich nicht um kurze Romane, wie etwa ein paar Jahre später die Romane von Georges Simenon, die selten 150 Seiten übersteigen. Die Courths-Mahler-Romane sind im Durchschnitt 350 Seiten lang.

Oder sagen wir, sie sind so lang, wie sie sich der Leser wünscht.

Einer, der damals noch sehr jung war, ein Korrektor im Verlag Rothbarth, erinnert sich: »Einer der Chefs schrieb: ›Frau Courths-Mahler, wir brauchen jetzt einen langen Roman. Wann können wir ihn haben?‹ Unter einem langen Roman verstanden wir 350 bis 400 Seiten.«

Und Friede Birkner: »Wenn meine Mutter eine solche Anfrage bekam, dann sah sie sich ihr Ideenbuch an und wählte etwas aus, von dem sie glaubte, das würde das Richtige sein. Aber manchmal war es nicht das Richtige. Das merkte sie schon nach dem ersten Kapitel. Und dann stellte sie diesen Plan zurück und holte eine andere Idee hervor. Sie lieferte immer genau die gewünschte Länge. Wenn einmal erst der Anfang gemacht war, wenn das erste, möglicherweise auch das zweite Kapitel stand, hatte sie ein untrügerisches Gefühl, wie lang so etwas werden konnte oder mußte. Ich möchte eigentlich sagen – mußte. Bücher nehmen ja eine Art eigenes Leben an, wissen Sie. Wenn man einmal angefangen hat, muß man sie schreiben, wie sie es wollen, die Bücher nämlich. Meine Mutter hat das oft gesagt.«

Die Hedwig Courths-Mahler war eben eine echte Profi-Autorin.

Sie glaubte es nicht einmal selbst, aber es wurde ihr immer wieder bestätigt. Da wurde sie einmal von Hanna Wrede eingeladen, der Frau des damaligen Inhabers des Verlages Felix Bloch Erben. Sie kam zusammen mit ihrem Schwiegersohn Anton Bock und seiner Frau Friede. Und es erschien noch ein anderer Gast: Hermann Sudermann.

Früher hätte man nicht sagen müssen, wer Sudermann war. Er gehörte in den letzten Jahren des vorigen Jahrhunderts und den ersten fünfzehn oder zwanzig Jahren dieses

Jahrhunderts zu den erfolgreichsten Bühnenautoren in Deutschland. Wer hatte nicht *Die Ehre* gesehen? Wer nicht *Heimat?* Wer nicht *Das Glück im Winkel?* Und später war er dann unmodern geworden. In seiner großen Zeit hatte er einen mächtigen schwarzen Bart getragen, der jetzt abrasiert war. Er kam überhaupt nur noch selten nach Berlin, er lebte auf seinem ostpreußischen Gut – in Ostpreußen spielen auch viele seiner Novellen, die weit stärker sind als seine Dramen.

Immerhin, für eine alte Theatergängerin wie die Courths-Mahler war Sudermann ein Begriff. Sie war sehr gespannt, ihn kennenzulernen, und höchst entzückt, als er sie mit den Worten begrüßte: »Ich freue mich, Sie kennenzulernen, Frau Kollegin.«

Und sie: »Sie nennen mich ›Kollegin‹?«

»Das kann man wohl sagen. Übrigens bin ich nicht hierher gekommen, ohne mich zu informieren. Ich habe das eine oder andere Ihrer Bücher gelesen. Zum Beispiel *Zur linken Hand getraut.* Und auch *Rote Rosen.*

Rote Rosen ... Das war einer der Romane, die sie selbst am meisten liebte. Es waren ja nun schon ein paar Jahre her, daß sie diesen Roman geschrieben hatte, aber sie dachte oft an ihn. Wie ging das doch gleich?

Die Geschichte entstand bereits nach dem Krieg, aber sie spielt vor dem Krieg, etwa 1908, als es noch allen Leuten gut ging. Die Hauptfigur ist: ein Minister, Exzellenz Waldow, der mit seinem Bruder nicht mehr verkehrt, weil der in zweiter Ehe eine Sängerin geheiratet hat und – nicht zuletzt deswegen – nach Amerika auswandern mußte.

Dann ist da seine Tochter Josta und sein Freund Rainer Ramberg, der mehrere Güter besitzt. Ramberg ist schon

Mitte dreißig und hat viele Jahre lang in den Banden einer Frau geschmachtet, die er liebte, aber nicht bekommen konnte. Über ihre Identität wird nicht viel gesagt. Jetzt hat er beschlossen, Josta zu heiraten, für die er bisher nur »Onkel Rainer« war.

Der Konflikt: Ein nicht mehr ganz junger Mann scheut davor zurück, das junge Mädchen zu erschrecken, indem er ihr die Wildheit seiner Leidenschaft zeigt. Sie wiederum liebt ihn leidenschaftlich und glaubt, weil er doch so ruhig scheint, mit seiner Liebe könne es nicht weit her sein und ihre Glut würde, wenn sie solche verriete, ihn nur erschrekken oder gar abstoßen, um so mehr, als sie aus einem Gespräch, das sie belauscht hat, entnehmen muß, daß er einmal eine andere Frau geliebt hat.

Übrigens gibt es da noch ein Geheimnis. Josta Waldow ist gar nicht die Tochter des Vaters, sondern nur seine Nichte. Sie ist die Tochter jenes Bruders, der nach Amerika auswanderte, nachdem seine erste Frau an der Geburt Jostas gestorben war. Josta und Rainer verloben sich.

So weit, so gut. Nun aber verschärft sich alles. Die beiderseitige Zurückhaltung geht den beiden Liebenden auf die Nerven. Gelegentlich versucht der Bräutigam, die Seele der Braut zu erforschen. »Und mich hast du gar nicht ein wenig lieb, kleine Josta?« Dabei hat sie ihn doch so lieb!

Josta Waldow soll nun heiraten. Aber manchmal fragt sie sich, ob das richtig sei, obwohl sie ihren zukünftigen Mann ja wirklich liebt. Josta vertraut ihrem Tagebuch ihren ganzen Kummer an. Auch daß ihr Bräutigam, der inzwischen auf eines seiner Güter zurückgekehrt ist, ihr rote Rosen schickt, kann sie nicht trösten. Denn »rote Rosen sind Blumen der Liebe, die kommen mir nicht zu«, denkt sie schmerzlich.

Nun taucht Gerlinde auf, die Witwe des Vetters von Rainer, von dem er ein Gut geerbt hat. Sie lebt noch im Herrenhaus, müßte jetzt aber in das sogenannte Witwenhaus ziehen und auch den Familienschmuck zurückgeben. Gerlinde ist schön, stolz und beabsichtigt nicht, sich verdrängen zu lassen. »Hier soll ich meine Tage vertrauern? Nein – nein, solange ich es verhindern kann, soll das nicht geschehen. So gehen Königinnen ins Exil, die nicht mehr die Macht haben zu herrschen. Ich will aber herrschen!« Um es ganz präzise zu sagen: Sie will Rainer Ramberg heiraten und zweifelt nicht im geringsten daran, daß ihr das auch gelingen wird. Sie zieht sich, als sie hört, daß Rainer kommt, besonders hübsch an, seidene, spinnwebdünne Strümpfe und anderes mehr. Um so entsetzter ist sie, als sie hören muß, daß Rainer eine andere zu heiraten beabsichtigt. Nur mit letzter Konzentration vermag sie sich äußerlich zu beherrschen. Innerlich? »Ein glühender, unversöhnlicher Haß auf die glückliche Nebenbuhlerin erwachte in Gerlindes Herz.«

Rache! Vorerst aber gibt sie den Familienschmuck zurück und macht sich bereit, in das verhaßte Witwenhaus umzuziehen. Doch sie ist entschlossen, zur Intrigantin zu werden. Sie hofft, daß sie die beiden einander entfremden kann, »dann suchst du vielleicht eines Tages Trost in meinen Armen – dann werde ich dich beglücken mit der ganzen leidenschaftlichen Zärtlichkeit, die ich für dich empfinde!« Und wehe Josta Waldow, daß sie sich zwischen sie und Rainer gedrängt hat! »Das würde einen Kampf geben bis zur völligen Niederlage der verhaßten Nebenbuhlerin.«

Vorläufig geht alles so, wie Rainer es sich vorgestellt hat. Es wird Verlobung gefeiert, Josta lernt Gerlinde kennen und spürt sofort, daß mit ihr nicht gut Kirschen essen ist. Ein anderer Verlobungsgast ist Rainers Bruder Henning, der

Josta als Kind gekannt hat, sie aber jetzt als junge schöne Dame wieder sieht und sich sofort in sie verliebt.

Henning und Josta trinken Brüderschaft, und Henning flüstert ihr zu: »Auf du und du, liebreizende Schwägerin!« Er kann sich gar nicht darüber beruhigen, daß das Kind von damals »je so hold und schön werden könnte«!

Josta spürt immer deutlicher, daß Gerlinde Böses im Sinne hat. »Ich möchte sie so gern liebgewinnen... Aber als ich ihr heute zum erstenmal entgegentrat, da leuchteten ihre Augen so sonderbar auf.«

Hochzeit. Es geht sehr nobel her im Schloß. Die Herren küssen allen Damen die Hand. Rainer ist ohne Zweifel ein schöner Mann. Seine »schlanke Erscheinung kam in dem eleganten, gutsitzenden Frack vorzüglich zur Geltung«. Die Braut meint besorgt ob der vielen Umtriebe im Schloß: »Du weißt ja, ich bin kein Gesellschaftsmensch.«

Henning indessen ist über beide Ohren verliebt. Aber noch hat er sich in der Gewalt und küßt nur die Hand Jostas, »so süß und lockend der feine rote Mund Jostas auch zu ihm herüberleuchtet«. Immerhin findet er das Taschentuch, das sie fallen läßt.

Nach der Hochzeit unterhalten sich ein Baron und eine Baronin älteren Jahrgangs über die Ehe. Der Mann erwähnt, ihm sei schleierhaft, wie seine korpulente Frau auf so hohen Stöckelschuhen durchs Leben gekommen sei; mit einem guten, warmen Blick sieht die Baronin zu ihrem Gatten herüber: »Du hast mir auch immer die Hände untergebreitet, du Guter«, sagte sie leise. Er nickte ihr zu: »Du bist auch immer schön leise darüber hinweggetrippelt, damit es nicht wehtat.«

Josta zieht also auf Ramberg ein. Überall sieht sie rote Rosen für sich, aber, so denkt sie, nicht weil Rainer sie liebt, sondern weil sie in den Treibhäusern des Gutes besonders prächtig gedeihen. Der Rundgang durchs Schloß müßte ihr vor Augen führen, daß sie eine sehr gute Partie gemacht hat. Aber so etwas versteht sich schließlich von selbst. Finanzielles wird in solchen Kreisen überhaupt nicht erwähnt. Warum sollte man auch, wenn man über so viele Güter, Schlösser und alles Dazugehörige verfügt.

Sehr bald beginnt Gerlinde mit ihrer Unterminierungsarbeit. Das Tagebuch Jostas spielt dabei eine Rolle – Gerlinde möchte gar zu gerne Einblick nehmen. Aber das gelingt ihr trotz umfassender Intrigen nicht.

Henning hat inzwischen ein merkwürdiges Erlebnis. Er sieht in Berlin ein Mädchen, das genauso aussieht wie Josta, aber offenbar nicht Josta ist. Wer es ist, findet er nicht heraus. Auch kann dieses Erlebnis seine ungeheure Leidenschaft für Josta nicht dämpfen. Josta wiederum ist sehr glücklich in Hennings Gegenwart, weil sie sich da weniger bedrückt in ihrer Liebe zu ihrem Mann fühlt, die anscheinend nicht erwidert wird; daraus wiederum schließt Gerlinde, daß Rainer sie liebt.

Inzwischen ist Exzellenz Waldow an Lungenentzündung erkrankt, Josta und ihr Mann eilen an sein Krankenbett, das bald zum Sterbelager wird. Jetzt erscheint auch jene Doppelgängerin Jostas auf der Bildfläche und ist ziemlich entsetzt, als sie hört, daß der alte Waldow gestorben ist. Wir erfahren, daß es sich um eine Amerikanerin namens Gladys handelt, natürlich die Tochter von Waldows emigriertem Bruder und somit die Stiefschwester Jostas.

Dann geht alles sehr schnell. Josta und Rainer kehren wieder nach Ramberg zurück; Josta erfährt durch ihren Mann, daß sie gar nicht die Tochter ihres Vaters ist, sondern seine Nichte; sie erfährt auch von der Existenz jener ihr so ähnlichen Dame. Nachforschungen haben ergeben, daß Gladys ihre Stiefschwester ist.

Henning schließlich gesteht Josta seine Liebe. »Ahnst du nicht, was mir fehlt? Fühlst du nicht, daß ich verschmachten muß nach dir?«

Gerlinde hat alles belauscht und erstattet Rainer Bericht.

Aussprache zwischen den Brüdern. Rainer, der seinen Verdacht bestätigt glaubt, daß Josta ihn nicht liebe, ist bereit, zugunsten des Bruders zu verzichten. Josta sieht darin wiederum eine Bestätigung ihres Verdachts, daß ihr Mann sie nicht mehr liebe oder sie nie geliebt habe. Verzweifelt fährt sie auf ihr Stammschloß Waldow. Die Situation scheint reichlich verfahren. Gerlinde ist im Begriff zu triumphieren, da erscheint Gladys in Ramberg, wo sie ihre Stiefschwester sucht. Dann trifft sie bei Josta in Waldow ein. Sie erzählt ihre ganze Geschichte, auch daß sie von ihrem Stiefvater, dem zweiten Mann ihrer Mutter – jener Sängerin, derentwegen ihr Vater Deutschland verließ – eine runde Viertelmillion Dollar geerbt habe.

Es ist das erstemal, daß in diesem Roman von Geld gesprochen wird, aber eine Viertelmillion Dollar ist ja wirklich sehr viel Geld.

Nun kommt endlich, endlich das Tagebuch Jostas zu seinem Recht. Gladys entwendet es und schickt es Henning, der sie darum gebeten hat – ich habe vergessen mitzuteilen, daß Henning sich inzwischen in Gladys verliebt hat, begreiflicherweise, denn sie sieht ja genau wie die geliebte Josta aus. Henning übergibt das Tagebuch Rainer, der daraus erkennt, daß seine Frau nur ihn liebt. Sofort nimmt er den nächsten Zug zu ihr.

Aussprache der Liebenden. Endlich begreifen beide, daß sie einander lieben. »Sie sah wie im Traum, wie halb be-

127

wußtlos zu ihm auf, in seine heißen jungen Augen hinein und erschauerte in seinen Armen. Ihre Lippen formten Worte, Fragen, aber kein einziges Wort wurde laut.« Und schließlich: »Laß mich sterben, Rainer, wenn dies nur ein Traum ist«, flüsterte sie selig erbebend.

»Kein Traum, Josta. Fühlst du nicht, wie meine Lippen auf den deinen brennen?«

Natürlich finden sich auch Henning und Gladys. Die intrigante Gerlinde sieht sich durchschaut und reist ohne Abschied nach St. Moritz ab. Dort verlobt sie sich sehr schnell mit einem Baron Haustein, »der große Güter in Schlesien besaß«.

Die Baronin Rittberg mit den Stöckelschuhen ist so entzückt von den Heiraten der Brüder Henning und Rainer, daß sie erklärt: »Diese vier schönen Menschen in solcher Harmonie vereint zu sehen, das ist wie ein Gottesdienst. Ganz fromm wird mir immer zumute vor Dankbarkeit, daß es so etwas Vollkommenes gibt.«

»Mein Buchhändler erzählte mir, daß von einigen Ihrer Romane bereits das 500 000ste Exemplar verkauft worden ist. Beneidenswert!« bemerkte Sudermann. Frau Hedwig wehrt ab. »Gewiß, meine Bücher gehen nicht schlecht. Nicht nur *Rote Rosen*. Aber daß Sie mich beneiden, Herr Sudermann! Sie sind doch der am meisten gespielte Bühnenautor unserer Zeit!«

»Ich war es! Ich war es!« sagt Sudermann traurig. »Wissen Sie, da gibt es einen Kritiker, diesen Alfred Kerr, der für das *Berliner Tageblatt* schreibt. Früher schrieb er für andere Zeitungen. Aber immer, immer hat er mich bekämpft und erklärt, ich schreibe Kitsch!«

»Ach, das sagt man von mir auch. Alfred Kerr kenne ich übrigens . . . «

»So?« Das scheint Sudermann nicht zu erfreuen.

»Ja, wir wurden einander auf einer Gesellschaft vorgestellt. Und er sagte: ›Sie sehen gar nicht so kitschig aus, wie ich Sie mir vorgestellt habe, Frau Courths-Mahler!‹ Ich mußte wirklich lachen.«

»Ich finde das nicht besonders nett, so etwas zu sagen...«

»Ich habe, glaube ich, ihm auch gleich die richtige Antwort erteilt. Wissen Sie, was? ›Herr Dr. Kerr, mein Glück ist es, daß Sie keine Bücherkritiken schreiben... Sonst hätten Sie mich wahrscheinlich längst erledigt...!‹«

»Und er?«

»Er hat gelächelt, aber sehr gefreut dürfte ihn dieses Kompliment nicht haben.«

Die Frau, die der große oder ehemals große Sudermann als Kollegin anspricht, ist wirklich eine Kollegin. Sie ist ein Profi. Sie schreibt, was man von ihr verlangt. Und sie macht nie Fehler. Dies ist eigentlich erstaunlich.

Friede Birkner: »Wenn man bedenkt, daß sie nur drei Jahre auf die Volksschule ging!«

»Und wie erklären Sie es sich, daß es keine Interpunktionsfehler gibt? Und daß ihr Deutsch überhaupt in Ordnung ist? Haben da Lektoren mitgeholfen?«

»Nein. Da hat niemand mitgeholfen. Sie hat eben sehr schnell gelernt. Und sie hat ja nachher nie aufgehört zu lesen und sich in jeder Beziehung zu bilden.«

»Und die Fortsetzungsromane? Hat sie eigentlich jede Fortsetzung einzeln geliefert oder gleich ein paar zusammen?«

»Nein, sie hat immer den ganzen Roman geschrieben und erst dann geliefert. Sie war recht froh, wenn eine Arbeit hinter ihr lag. Das Romanende machte ihr nämlich immer zu schaffen. Dann hat sie manchmal auch geweint...«

»Geweint? Warum?«

»Da gab es verschiedene Gründe. Einmal habe ich sie dabei erwischt, wie sie weinte, und da gestand sie mir, daß in irgendeinem ihrer Romane – ich komme gerade nicht auf seinen Titel – eine ihrer Lieblingsfiguren gestorben ist. Ich glaube, es war ein junges Mädchen, das an Schwindsucht litt, aber ganz sicher bin ich nicht. Und am Ende weinte auch sie eben oft ein bißchen.«

»Aber warum denn, es nahm doch alles immer ein gutes Ende.«

»Ganz genau hat sie das nie erklärt. Aber wenn Sie mich fragen: es war so eine Art Abschied von den Figuren. Sie hat sich eine Zeitlang mit ihnen beschäftigt. Und nun sind sie glücklich vereint und der Roman ist zu Ende und sie wird nie wieder mit ihnen zu tun haben ... «

»Wie lange hat sie sich denn mit ihnen beschäftigt? Wie lange hat sie denn an einem Roman geschrieben?«

»Unterschiedlich.«

»Da waren zuerst doch einmal die Notizen ... «

»Nun, die dauerten Minuten. Dann hat sie natürlich die Notizen ausgearbeitet. Der große Plan für einen Roman.«

»Hierzu brauchen andere Autoren Monate, manchmal Jahre.«

»Ach, bei meiner Mutter dauerte das nie länger als eine halbe Stunde. Allenfalls eine Stunde.«

»Und wie lange hat sie dann daran geschrieben?«

»Manchmal zwei, drei Wochen, manchmal vier oder fünf Wochen, selten länger. Aber Sie wissen, wie intensiv sie arbeitete. Sie hat es ja selbst beschrieben, zwölf Stunden, vierzehn Stunden am Tag; wenn sie erst einmal angefangen hatte, ließ sie die betreffende Arbeit nicht mehr los ... «

»Was jedem auffallen muß, der sich mit der Schriftstellerin Courths-Mahler beschäftigt, ist, daß sie doch fast immer über Menschen schreibt, die sie nicht gekannt hat und auch nicht kennen konnte, daß sie Schlösser beschreibt, in denen sie nie gewesen ist... Sie war wohl überhaupt nie in einem Schloß?«

»Sie hat in keinem Schloß gelebt, wenn Sie das meinen. Aber sie hat natürlich, wenn sich die Gelegenheit bot, das eine oder andere Schloß besichtigt. Und sie las sich viel Wissen an. Wenn sie las, entwickelte sie einen siebenten Sinn dafür, was sie vielleicht später brauchen könnte. Wir sprachen an anderer Stelle ja schon von ihren Zeitungsausschnitten. Im übrigen ist das ja gar nicht so selten. Denken Sie nur an Karl May, der ja über den Wilden Westen schrieb, ohne jemals dort gewesen zu sein! Oder denken Sie an Friedrich Schiller und seinen *Wilhelm Tell*. Schiller war nie in der Schweiz; alles, was er von ihr sah, waren ein paar Bilder und Stiche. Um auf meine Mutter zurückzukommen: sie besaß eine Sammlung von Zeitungsausschnitten über Afrika, über Unterseeboote, über Tierparks und über Mädchenpensionate. Und über viele andere Sachen auch. Ausgeschnittene Artikel heftete sie dann in einen Leitzordner. Da gab es immer ein Inhaltsverzeichnis und dann eben diese unzähligen Artikel. Und da war dann auch ein Student am Orientalischen Museum in Berlin oder wie das Institut hieß, der übersetzte ihr kleine Artikel aus arabischen Zeitungen, wenn ich nicht irre. Wenn sie einen Roman schrieb, der zum Teil in einem anderen Land spielte... und in den letzten Jahren tat sie das öfter, und wenn es da auch nur eine Person gab, die drüben gewesen war, in Nordamerika oder in Südamerika, in Asien oder in Afrika, dann kannte sie sich dort eben aus.«

Im Jahre 1930 erscheinen neun Romane der Courths-

Mahler, 1931 wieder sechs, 1933 elf, nicht alle erscheinen bei Rothbarth, der immer nur vier oder fünf annimmt.

Der damals noch junge Mann im Verlag gibt Antwort auf die Frage, warum denn Rothbarth sich nicht alle gesichert habe? Das waren doch aufgelegte Geschäfte!

»Gewiß, aber wissen Sie, selbst der größte Verlag hätte nicht die ganze Courths-Mahler verkraften können. Wir hätten uns ja nur selbst Konkurrenz gemacht, wenn wir mehr als vier oder fünf Romane pro Jahr von ihr herausgebracht hätten! Das war schon ungewöhnlich viel.«

Ja, es dürfte wohl ein Unikum in der Geschichte der Romanliteratur sein: Eine Autorin, die sich zwar glänzend verkauft, aber gerade dadurch ihren Verlag zwingt, nicht alles von ihr zu drucken.

Aber die Courths-Mahler war eben in jeder Beziehung einmalig.

1933

1929. Wieder steigt dunkles Gewölk am Horizont empor, wie schon so oft im Leben der Hedwig Courths-Mahler. Eben sah es noch so aus, als sei diese Welt die beste aller möglichen Welten. Aber nun kommt es zum Zusammenbruch der Börse in New York, und es folgt eine Wirtschaftskrise, die schnell auch auf ganz Deutschland übergreift.

Banken müssen schließen. Die Zahl der Arbeitslosen steigt unaufhörlich. Die radikalen Parteien finden neuen Zulauf – die Kommunisten auf der einen Seite, in viel, viel stärkerem Maße die Nationalsozialisten auf der anderen Seite.

Die Courths-Mahler fühlt sich vorerst nicht betroffen. Warum sollte sie auch? Sie gehört gewiß nicht zu den Leuten, die von ihren Zinsen leben, wie sie sie so oft beschrieben hat.

Die Familie lebt gut, aber im Verhältnis zu dem, was die Courths-Mahler verdient, eigentlich eher bescheiden. Jedenfalls wesentlich bescheidener, als die Helden ihrer Romane, auch wenn sie jetzt keine Grafen oder Barone mehr sind, sondern Großkaufleute und Industrielle. Was ja in allen Romanen der Courths-Mahler zu finden ist: Es gibt dort immer sehr, sehr reiche Leute. Und natürlich auch ein paar arme, die es aber recht eigentlich verdienen, reich zu sein und es früher oder später auch werden.

In Deutschland wechseln nun ständig die Regierungen. Der alte Hindenburg, auffällig senil geworden, zeigt sich immer ratloser. Er hat zwar eine Abneigung gegen den ehemaligen Gefreiten Adolf Hitler, den er als Plebejer verachtet und von dem er sagt, er würde ihn niemals zum Reichskanzler machen, aber seine Vertrauten führen ihm immer wieder vor Augen, daß Hitler die einzige Lösung sei.

Die Courths-Mahler hat einen großen Teil ihres Geldes – eine Million und mehr – in anderen Ländern angelegt: in der Schweiz und in Dänemark. Nun kommen allerdings die Gesetze, die jeden mit Zuchthaus bedrohen, der sein im Ausland angelegtes Geld nicht nach Deutschland zurückbringt. Eine solche Drohung wäre bei der Courths-Mahler nicht einmal notwendig. Sie hielt sich immer an die Gesetze und holt ihr Geld brav zurück. Sie wird es später verlieren.

Während sich die politischen Verhältnisse mehr und mehr zuspitzen, wird sie immer schweigsamer. Sie hat früher einmal an den Kaiser geglaubt und ist nie eine begeisterte Republikanerin geworden. Und sie hat, natürlich, auch an Hindenburg geglaubt und nicht begriffen, warum dieser Mann nicht ein guter Präsident sein sollte. Aber genau wie dieser spürt sie eine instinktive Abneigung gegen die Nationalsozialisten. Sie hat ein paar Massenumzüge miterlebt, und ihr gefallen die verbissenen Gesichter nicht, nicht diese Strammheit, nicht diese Sturheit.

Und schon gar nicht der Antisemitismus. Sie hat in Chemnitz und in Berlin viele jüdische Freunde gehabt. Ihr Schwiegersohn, der Verleger Anton Bock, ist Halbjude. Daß er aufgrund seiner Geburt ein minderwertiger Mensch sein soll, geht ihr nicht in den Kopf. Sie kann sich nicht vorstellen, daß die Propaganda Hitlers einmal Wahrheit werden soll. Sie weiß natürlich nicht alles und hat nie *Mein Kampf* gelesen, sie liest auch nicht den bereits existierenden *Völkischen Beobachter* oder gar den *Angriff*, den der Gauleiter von Berlin, Josef Goebbels, herausgibt. Sie hört darüber nur von den Freunden, die sie besuchen und die besorgte Gesichter machen.

Und eines Tages ist es dann soweit. Hindenburg beruft Hitler. Deutschland gerät in einen Taumel. Alle oder doch fast alle Menschen schreien: »Heil Hitler!«

Die Courths-Mahler bemerkt trocken: »So einen dummen Gruß habe ich noch nie gehört. Wer soll eigentlich wen heilen?«

Braune und schwarze Uniformen beherrschen die Straßen. Es kommt zu den ersten Übergriffen; Juden werden zusammengeschlagen oder auch ohne jeden Grund verhaftet. Und das gleiche geschieht Kommunisten und Sozialisten und allen, die nicht für Hitler sind. Der bloße Verdacht genügt. Es genügt auch, daß jemand einem SA-Mann oder einem SS-Mann früher einmal kein Geld borgen wollte oder auf Bezahlung seiner Ware drängte. Jetzt wird Rache geübt.

Natürlich weiß, so wird immer wieder betont, die Regierung nichts von diesen Übergriffen, Hitler schon gar nicht. Das geschieht alles »ohne Wissen des Führers«, wie dieser Mann aus Österreich sich zu nennen beliebt – auch das mag die Courths-Mahler durchaus nicht.

Überhaupt äußert sie vieles, was andere zu sagen nicht wagen. Sie hat Zivilcourage. Als sie einmal gewarnt wird, antwortet sie: »Ich sage ja nur, was ich denke. Das habe ich mein ganzes Leben lang getan. Warum soll ich das jetzt ändern?«

Sie begreift nicht, daß dies ein Wagnis ist. Sie hält es für selbstverständlich. Sie ist inzwischen in eine neue Wohnung im Bayerischen Viertel umgezogen, in die Landshuter Straße. Die Knesebeckstraße ist ein bißchen zu laut geworden, und im Bayerischen Viertel gibt es Bäume und unweit der Landshuter Straße den schönen Stadtpark. Eine geräumige, aber nicht luxuriös eingerichtete Zwölf-Zimmer-Wohnung. Aber sie schafft sich kein Auto an. »Wozu brauchen wir ein Auto? Wenn uns danach ist, können wir uns ja jederzeit ein Taxi nehmen«, sagt sie. Aber ihr ist gar nicht so oft danach. Sie liest mit Entsetzen, daß die Nazis Bücher verbrennen. »Verbrennen? Das ist doch Blödsinn! Man kann doch Bücher nicht verbrennen!« sagt sie. »Man müßte ja alle Menschen verbrennen, die diese Bücher je gelesen haben.« Bitter, aber doch wahr.

Ihre Bücher verbrennt man vorläufig noch nicht. Es wird auch an sie die Reihe kommen. Aber das dauert noch etwas.

Der 1. April 1933. Dies ist der Tag, an dem alle jüdischen Geschäfte im Reich boykottiert werden, natürlich auch alle jüdischen Ärzte und Anwälte. Eigentlich soll dieser Boykott, ginge es nach Goebbels, nie aufhören. Aber das Ausland meldet Protest an. Im Auswärtigen Amt weiß man, daß man außerhalb der deutschen Grenzen entsetzt über diesen Boykott ist. Nur nicht gleich am Anfang etwas übertreiben! mahnen die Sympathisanten im Auswärtigen Amt. Und Hitler gibt Order, den Boykott auf einen Tag zu beschränken.

Die inzwischen sechzig Jahre alt gewordene Frau Hedwig weiß überhaupt nichts davon. Sie geht in ein Geschäft, um etwas zu kaufen. Vor diesem Geschäft in der Tauentzienstraße steht ein SA-Mann. Sie schiebt ihn leicht beiseite. Der Mann wird grob. Er fährt sie an: »Sie können in kein jüdisches Geschäft gehen!«

Sie versteht nicht. »Ich wollte doch in diesem Laden nur etwas kaufen . . . Entschuldigen Sie, wenn ich Sie angestoßen habe . . . «

»Sie können hier nicht herein!«

»Aber ich kaufe in diesem Geschäft doch seit Jahren . . . «

»Und Sie wollen eine Deutsche sein?«

Sie kommt ganz aufgeregt in die Konditorei Schilling, wo sie mit ihrer Tochter Friede verabredet ist. Sie erzählt, was sie eben erlebt hat.

»Wir werden noch Schlimmeres erleben!« meint die Tochter trocken.

Das wird schon in den nächsten Wochen geschehen. Sie hört Hitlerjungens vorbeimarschieren, die widerlich Pogromverse singen.

Sie ist entsetzt: »Das ist ja schlimmer als in Rußland. Was soll denn bloß werden?«

In den nächsten Wochen kommen viele ihrer guten Freunde, um Abschied zu nehmen.

»Sie gehen fort? Sie verlassen Deutschland?«

Und immer die gleiche Antwort: »... wir glauben, es ist besser, wenn wir gehen.«

»Aber Sie haben doch ein so schönes Haus! Was wird denn daraus? Was wird denn aus den Möbeln?«

»Wir versuchen mitzunehmen, was man uns mitnehmen läßt.«

»Wer sollte Sie hindern?« Die jüdischen Freunde der Courths-Mahler lächeln. Sie hat noch immer nicht verstanden. Aber nun beginnt sie langsam, zu begreifen.

Und sie sagt zu ihren Töchtern: »Ich will hier nicht bleiben. Ich meine, in Berlin. Ich will irgendwohin ziehen, wo man von dem allem nichts weiß.«

»Du willst ins Ausland?« fragt Friede Birkner. Sie würde ihrer Mutter überallhin folgen; die andere Tochter übrigens auch.

»Nein, nicht aus Deutschland... Ich könnte anderswo gar nicht leben... Aber aus Berlin will ich heraus. Irgendwohin aufs Land...«

Sie fährt erst einmal an den Tegernsee, wo sie sich in einer Pension einmietet. Sie hält Ausschau. Und siehe da, sie findet bald ein Haus, das ihr gefallen würde. Es gehört Frankfurter Juden, die sich zur Auswanderung bereit machen. Man einigt sich schnell. Hedwig Courths-Mahler gehört nicht zu jenen, die die augenblickliche Zwangslage der Juden ausnutzen. Sie zahlt, was das Haus wert ist, sie zahlt einen guten Preis und zwar – sie kann es sich leisten – in bar. Dies ist für die Frankfurter nicht ganz unwichtig. Später werden sie und ihre Kinder das bestätigen, selbstredend erst nach dem Krieg, aber noch zu Lebzeiten von Hedwig Courths-Mahler.

Sie erhält also ein herrliches Haus mit einem großen Grundstück oberhalb des Tegernsees. Natürlich ist so ein Hauskauf nicht von heute auf morgen erledigt und natürlich muß die andere Familie erst ausziehen. Das dauert einige Zeit. Denn Hedwig Courths-Mahler drängt nicht. »Diese armen Menschen, die aus ihrer Heimat fort müssen... Ich kann mir vorstellen, wie ihnen zumute ist... Ich möchte gewiß nicht zu denen gehören, die ihnen noch einen Tritt geben.«

Sie fährt also nach Berlin zurück und beschließt, sich in ihre Arbeit zurückzuziehen wie eine Schnecke in ihr Haus. Sie will nicht sehen, was um sie herum vorgeht. Sie zählt die Tage bis zur endgültigen Übersiedlung an den Tegernsee. Wie man inzwischen beschlossen hat, werden alle mitgehen: die beiden Töchter, auch der Mann der älteren Tochter. Die jüngere Tochter hat sich inzwischen von ihrem Mann, dem Musikverleger Bock, in aller Freundschaft getrennt. Das Haus ist geräumig. Hedwig Courths-Mahler hat schon einen Namen für dieses Haus. Es soll »Mutterhof« heißen.

Sie hat, und das ist nicht uninteressant, in der letzten Zeit viele Romane geschrieben, die nicht mehr in Deutschland oder doch nur noch gelegentlich in Deutschland spielen. Dafür gibt es eigentlich nur eine Erklärung, wenn man bedenkt, wie unendlich deutsch ihre früheren Romane waren, in denen nicht einmal Ausländer vorkamen, es sei denn problematische Figuren, wie zum Beispiel die schöne russische Spionin in *Die Kriegsbraut*.

Und jetzt spielen die Romane in Südamerika und in anderen fremden Ländern; auch wenn die Helden noch immer Deutsche sind, Einwanderer oder Auswanderer, so sind diese Romane doch nicht mehr so, wie sie einmal waren.

Sie spricht nie über diesen Wandel. Aber handelt es sich hier nicht um eine Art innerer Emigration, wie sie sie bald auch äußerlich vollziehen wird, indem sie Berlin hinter sich läßt und an den Tegernsee zieht?

Aber bis es soweit ist, geschieht noch etwas.

Eines Tages läßt sich bei ihr ein Herr melden, dessen Name ihr nicht geläufig ist. Sie wirft einen fragenden Blick auf das Dienstmädchen.

»Ein Herr in SS-Uniform!« sagt das Mädchen, nicht ohne Angst in der Stimme.

»Er soll Ihnen doch sagen, was er will. Melden Sie ihm, ich sei sehr beschäftigt.«

»Er sagt, er muß Sie persönlich sprechen, es handele sich um eine offizielle Angelegenheit.«

»Also dann herein mit ihm.«

Mag sein, daß sie das ein wenig liebenswürdiger gesagt hat, obwohl sie kaum Sympathien für die SS gehabt haben dürfte. Mag sein, daß das Gespräch, das nun geschildert wird, sich nicht genauso oder doch nicht in gleichem Wortlaut abgespielt hat. Das Entscheidende stimmt, muß stimmen, sonst wäre ja vieles anders gekommen.

Es erscheint ein Mann in der schwarzen SS-Uniform, schlägt die Hacken energisch zusammen und macht den Hitlergruß.

»Guten Tag«, sagt Hedwig Courths-Mahler ruhig.

»Ich komme wegen Ihres Arbeitsbuches.«

»Mein Arbeitsbuch?«

»Ja, wir haben Ihnen doch ein Arbeitsbuch geschickt.«

»Wer sind ›wir‹, wenn ich mir die Frage gestatten darf, Herr ... ?«

»Mein Name tut wirklich nichts zur Sache. Wir – das ist die Reichsschrifttumskammer.«

Sie lächelt schwach. »Ich wußte wirklich nicht, daß es so etwas gibt.«

»Das sollten Sie aber nun wirklich, Frau Courths-Mahler.« Und er fährt fort: »Sie sind doch wohl in der Partei?«

»In welcher?« Sie muß das ganz naiv herausgebracht haben, denn der Mann kommt einen Augenblick ins Stottern. »In ... in ... natürlich in der NSDAP!«

»Nein, ich bin nicht in der NSDAP. Übrigens, falls es Sie interessiert, ich bin auch in keiner anderen Partei.«

»Es gibt ja keine andere Partei!«

Sie schweigt. Nach einer Weile sagt sie dann: »Wissen Sie, ich war nie politisch interessiert.«

»Jeder Volksgenosse und jede Volksgenossin muß politisch interessiert sein. Das verlangt der Führer.«

»Der Führer? Ach ja, ich weiß, Herr Hitler. Nun ja, auf meine alten Tage wird man mich wohl nicht mehr ändern wollen. Es ist ja auch nicht so wichtig, ob eine Frau meines Alters ... ich habe ja schon über sechzig ... noch umlernt.« Und: »Sie sprachen von einem Arbeitsbuch?«

»Ja, wir haben es Ihnen geschickt. Ich habe extra nach-
gesehen. Sie müssen es vor ungefähr zwei Wochen erhalten
haben.«

»Ich weiß jetzt, wovon Sie sprechen. Dieses kleine Büchlein... Ich habe es hier in meinem Schreibtisch... Ich habe
es mir gar nicht angesehen.«

»Das sollten Sie aber!«

Sie tut es. Und sie bemerkt, daß da viele Fragen gestellt
sind, die sie beantworten müßte. »Muß ich das wirklich alles
ausfüllen?«

»Unbedingt. Das ist eine Voraussetzung dafür, daß Sie in
die Reichsschrifttumskammer kommen.«

Frau Hedwig liest laut: »Wo haben Sie Ihren Beruf erlernt?« Und sie fragt nun den Mann: »Was soll ich denn da
hinschreiben?«

»Nun, da schreiben Sie hin, wo Sie ihn gelernt haben.
Irgendwo werden Sie ihn ja gelernt haben.«

Die Courths-Mahler schreibt: »So etwas erlernt man nicht,
so etwas kann man. Wenn man es nicht kann, soll man die
Finger davon lassen!«

»Na, sehen Sie, das geht doch ganz leicht.« Er sieht allerdings nicht, was sie geschrieben hat. Er steht auf. »Ich muß
jetzt weiter. Sie werden die Güte haben, das Buch durch-
zulesen, sämtliche Rubriken auszufüllen und uns dann das
Buch zurückzuschicken. Heil Hitler!« Und er geht.

Wie gesagt, der Wortlaut des Gesprächs kann nicht verbürgt werden, wohl aber sein Sinn. Und die reichlich kühnen
Worte der Frau Hedwig: »So etwas erlernt man nicht«, hat
ihre Tochter Friede Birkner überliefert.

Frau Hedwig Courths-Mahler liest stirnrunzelnd das
Büchlein durch, sieht die Fragen, die sie nicht beantworten
kann oder nicht beantworten will. Woher soll sie wissen,

ob ihre Großeltern »reinrassig« waren? Von einer Großmutter möchte sie es glauben, die andere hat sie überhaupt nicht gekannt. Und die Großväter hat sie natürlich auch nicht gekannt. Und Beweise könnte sie keine erbringen. Als ob das auch wichtig wäre!

Sie steckt das Buch in einen Umschlag und schickt es an den Absender zurück. Unausgefüllt mit Ausnahme der obenerwähnten Zeilen.

Drei oder vier Tage später ist der SS-Mann wieder da. Diesmal ist sein Gesicht gerötet. Vor Zorn? Oder ist er die Treppen zu schnell hinaufgeeilt? Er gehört nämlich nicht zu den ganz schlanken Männern.

Er schiebt das Mädchen beiseite, das ihn anmelden will, und steht vor der Hausfrau: »Sie haben das Arbeitsbuch nicht ausgefüllt!«

»Nein, ich habe es nicht ausgefüllt. Und wenn Sie es genau wissen wollen, ich werde es auch nicht ausfüllen.«

»Das bedeutet . . . das bedeutet . . . «

»Ja, was bedeutet das denn?«

»Dann können Sie in die Reichsschrifttumskammer nicht aufgenommen werden. Dann sind Sie unerwünscht!«

»Ach, du lieber Gott! Und was wird dann geschehen?«

»Das wissen Sie nicht?«

»Werden meine Bücher etwa auch verbrannt?«

Der SS-Mann schweigt. Das weiß er wirklich nicht genau. Er weiß überhaupt nichts ganz genau. Er murmelt nur: »Das werden Sie noch erfahren.« Und etwas lauter: »Heil Hitler!«

Der Gruß ist verbürgt. Für den Rest des Gesprächs gilt, was schon von dem ersten gesagt wurde.

Aber man wird vielleicht einwenden, Frau Courths-Mahler habe sich unwahrscheinlich kühn benommen. Das stimmt. Sie bewies in ihrem Leben immer Mut. So auch hier. Übrigens: Es gab viele Menschen in Deutschland, die den Mut – oder sagen wir ruhig: den Charakter – aufbrachten, sich von der SS nicht einschüchtern zu lassen, wohlwissend, was ihnen zustoßen konnte. Und denen dann doch nichts geschah. Die nicht verhaftet wurden und auch nicht in ein Lager kamen. Zufall? Glück?

Nun, auch Frau Courths-Mahler hatte Glück. Jedenfalls wird sie den erzürnten SS-Mann nicht wiedersehen, und sie wendet sich wieder ihrer Arbeit zu. Sie schreibt gerade an einem Roman mit dem Titel *Die Flucht in den Frieden.* Der Inhalt des Romans hat übrigens nichts mit ihrer augenblicklichen Situation zu tun, auch nichts mit dem Krieg, der ein paar Jahre später ausbricht. Das glauben viele, denn der Roman wird erst einige Jahre nach Kriegsende erscheinen, also fast vierzehn Jahre, nachdem er geschrieben worden ist.

Aber das weiß Hedwig Courths-Mahler noch nicht. So weit kann oder will sie gar nicht vorausdenken.

Vorläufig fährt sie erst einmal, begleitet von der ganzen Familie, nach München und von dort aus zum »Mutterhof«.

Sie seufzt: »Hier werden wir Frieden finden.«

Sie soll sich täuschen. In den nun folgenden Jahren gibt es kaum einen wirklichen Frieden in Deutschland. Und bald gibt es überhaupt keinen Frieden mehr auf der ganzen Welt.

Schwierigkeiten
mit dem Tausendjährigen Reich

Es dauert gar nicht lange, da erscheint wieder einmal ein Vertreter des Dritten Reiches. Diesmal im »Mutterhof« oberhalb des Tegernsees. Es ist ein Mann in mittleren Jahren mit einer Brille und kurzgeschorenen Haaren. Er trägt eine Aktentasche, aber keine Uniform, und er erzählt auch nicht, daß er bei der SA oder bei der SS ist. In der Partei ist er sicher, denn er kommt, wie er versichert, in ihrem Auftrag.

Sein Gespräch ist weitgehend verbürgt, und zwar durch ihn selbst, der später oft und nicht ohne Schmunzeln ein, wie er es nannte, »fast historisches Gespräch mit der alten Dame« wiedergab. »Genau genommen, komme ich im Auftrag des Propagandaministeriums. Ja, ich darf sogar sagen, ich komme im Auftrag des Herrn Ministers. Er möchte, daß ich Verschiedenes mit Ihnen bespreche.«

»Was sollte der Herr Propagandaminister mit mir zu besprechen haben?«

»Nun ... nun ... wir werden sehen.«

Man hat ihre Bücher nicht verbrannt. Man hat sie auch nicht verboten. Sie hat sich fast ein wenig darüber gewundert. Einmal hat sie gesagt: »Nein, verbrennen werden sie mich nicht, so wichtig bin ich denn doch nicht! Aber verbieten werden sie mich.«

Gerade deswegen ist der Herr auf den »Mutterhof« gekommen. »Es geht um Ihre Bücher ...« Er holt zwei oder drei Exemplare heraus. Sie sieht die vertrauten Umschläge ihrer Romane *Die Kriegsbraut* und *Rote Rosen*. »Ich habe alle Ihre Bücher durchgesehen oder durchsehen lassen. Das Ministerium hat festgestellt, daß es 177 sind, und die hätte ein einzelner Mensch wohl kaum bewältigt!«

»Es sind 178! Und das sind nur die in Buchform erschienenen Romane.«

Ungeduldig: »Ja ... ja ... es ist auch völlig gleichgültig, wie viele Romane es nun sind.«

Und die Courths-Mahler lächelnd: »Und wenn man mich läßt, werde ich noch mehr schreiben.«

»Das ist's ja gerade, weshalb ich komme.«

»Es handelt sich also doch darum, daß ich verboten werde?«

»Eben nicht! Eben nicht! Wir denken da an gewisse Änderungen ...«

»Sie spannen mich auf die Folter.«

»Es handelt sich darum: In allen oder doch fast in allen Ihren Romanen geht es um Grafen und Barone, um Generale, um andere hohe Offiziere mit und ohne Monokel, um Gutsbesitzer ...«

Die Courths-Mahler schweigt. Doch sie beobachtet ihren Besucher voller Aufmerksamkeit.

»Aber es handelt sich nie um Männer der Partei. Es handelt sich nie um einen SA-Mann oder um einen Gruppenführer oder auch nur um einen Standartenführer oder um einen SS-Mann ...«

»Aber, mein lieber Herr, die gab es doch gar nicht, als ich die Romane schrieb!«

»O doch, die gibt es schon seit etlichen Jahren. Glauben Sie etwa, die Partei hätte das alles erst geschaffen?«

»Ich kenne mich da wirklich nicht so aus.«

»Das ist es ja! Und da haben wir gedacht, das könnte doch geändert werden.«

»Geändert?«

»Nun ja, aus einem Grafen machen wir einen hohen SS-Führer oder SA-Führer. Anstatt der adligen Namen... Sie wissen, die Partei hält nicht so viel vom Adel..., obwohl einige hohe Adlige in der Partei sind. Also, anstelle der adligen Namen nehmen wir gewöhnliche bürgerliche Namen, deutsche natürlich.«

»Und ich soll das alles machen? Das würde ja bedeuten, daß ich die Romane noch einmal schreibe.«

»Aber, um Gottes willen, Frau Courths-Mahler, das kommt doch gar nicht in Frage. Wir haben schon ein paar Leute im Propagandaministerium, die das übernehmen würden. Und ich kann Ihnen versichern, Sie werden Ihre eigenen Romane nicht wiedererkennen, wenn die mit der Arbeit fertig sind.«

Die Courths-Mahler trocken: »Das glaube ich auch!«

»Und wenn die Intriganten und die Bösewichter und besonders die Frauen, die unsympathisch wirken müssen, weil sie den gleichen Mann heiraten wollen wie die Heldin... Sie verstehen schon. In *Rote Rosen* diese Gerlinde, oder wie immer sie heißt.«

»Sie heißt Gerlinde. Es ist zwar eine halbe Ewigkeit her, daß ich dieses Buch geschrieben habe, aber das weiß ich noch. Nun, was soll mit den Bösen denn geschehen?«

»Das fragen Sie noch? Daraus machen wir natürlich Juden! Das sind Juden, mit jüdischen Namen, mit Hakennasen, mit schwarzem, fettigem Haar...«

»Und die Frauen wären natürlich Jüdinnen? Gerlinde wird dann wohl Sarah heißen oder so ähnlich?«

»Sie haben es erraten, Frau Courths-Mahler. Sie sind also einverstanden damit?«

»Ich bin nicht einverstanden. Meine Romane bleiben so,

wie ich sie geschrieben habe. Wenn sie Ihnen nicht passen, müssen Sie sie eben verbieten. Das können Sie ja ohne meine Einwilligung. Aber zu Änderungen gebe ich mich nicht her.«

Der Mann ist sichtlich verblüfft.

»Und was die Juden und Jüdinnen anbetrifft; zu meinen besten Freunden gehörten und gehören heute noch, ja, ich möchte das unterstreichen, heute noch Juden. Ich denke gar nicht daran, sie auf dem Umweg über meine Romane zu beschimpfen. Ist das alles?«

»Ja, das ist alles.« Der Herr geht, amüsiert über so viel Eigensinn. Sie wird nicht mehr von ihm, wohl aber vom Propagandaministerium hören.

Da gerade die Rede davon war, daß die Courths-Mahler nichts gegen die Juden hatte und auch nichts gegen sie schreiben wollte: Es mag interessieren, daß um diese Zeit ihr ewiger Widersacher, der hochintellektuelle Hans Reimann, bereits einige antisemitische Artikel verfaßt hat. Sie erschienen dort, wo sie erscheinen müssen, im *Schwarzen Corps*.

Dies ist um so erstaunlicher, als er, wie ja die meisten deutschen Intellektuellen bis zur Machtergreifung, ziemlich weit links stand und nicht zuletzt deswegen die Courths-Mahler beschimpfte, weil sie mit ihren Romanen über Grafen und Gräfinnen doch so hoffnungslos »reaktionär« war. Jetzt haben sich also die Vorzeichen umgekehrt. Der eben noch linke Mann ist plötzlich zum Antisemiten geworden – und das, obwohl fast alle seine Freunde Juden sind oder waren. Ihm fällt es ja nicht schwer, charakterlos zu sein; jetzt kennt er sie nicht mehr. Die arme, viel verspottete Hedwig Courths-Mahler aber bleibt unbeugsam.

Nein, verboten wird sie nicht. Der Grund? Das Nazi-regime enthält sich in vielen Fällen gezielter Aktionen gegen Personen, von denen bekannt ist, daß sie Hitler nicht mögen. Es handelt sich durchweg um berühmte Persönlichkeiten. Von dem Dirigenten Furtwängler, der nicht wußte, ob die Courths-Mahler eine Schauspielerin ist oder nicht, weiß man sehr wohl, daß er nichts für die Nazis übrig hat. Trotz-dem läßt man ihn in Ruhe. Das gleiche gilt mit gewissen Einschränkungen von Richard Strauss, von dem man einige kompromittierende Briefe unerlaubt geöffnet hat. Das glei-che gilt auch für Franz Lehár, der eine jüdische Frau hat.

Und das gleiche gilt eben auch für Hedwig Courths-Mahler. Denn sie ist ganz einfach zu populär, als daß man offen gegen sie vorgehen möchte. Ihre Bücher werden nicht verbrannt und nicht verboten. Man sperrt sie auch nicht in ein KZ, was Leuten, die weniger riskiert haben, aber we-niger berühmt sind, geschehen ist und dauernd geschieht.

Aber man läßt die Buchhandlungen wissen: Diese Autorin ist »unerwünscht«. Dafür gibt es grüne Zettel, die alle Buch-handlungen erhalten. Ihre Bücher dürfen natürlich noch verkauft werden, aber sie sollen nach Möglichkeit nicht im Schaufenster erscheinen. Und sie sollen nach Möglichkeit nicht gerade auf den Verkaufstischen herumliegen. Wenn jemand unbedingt die Courths-Mahler kaufen will, schön, dann soll es geschehen.

Vertreter ihres Verlages kommen zu ihr an den Tegernsee. »Wir sind beunruhigt... Man hat uns mitgeteilt, daß für Ihre Bücher nicht genügend Papier vorhanden ist...«

»Ach, versucht man es jetzt auf diese Weise?«

»Ja. Könnten Sie nicht doch in die Reichsschrifttums-kammer eintreten?«

»Nein! Auf gar keinen Fall.«

»Die vorhandenen Bücher können noch verkauft werden. Wir haben auch noch Papier für die Manuskripte, die Sie uns in der letzten Zeit geschickt haben. Aber wir werden wohl immer geringere Papierzuteilungen bekommen, insbesondere für Ihre Bücher, liebe Frau Courths-Mahler. Damit müssen Sie rechnen.«

»Ich rechne damit. Wir werden ja nicht hungern. Ich habe noch ein bißchen Geld auf der Bank.«

Dies ist nur die halbe Wahrheit. Denn sie hat ziemlich viel Geld auf der Bank, und im Augenblick ist auch nicht einzusehen, warum sie nicht von den Zinsen leben sollte. Noch besteht kein Grund ihr Kapital anzugreifen.

Aber es wird viel, viel schlimmer kommen.

Es lebt sich angenehm auf dem »Mutterhof« am Tegernsee. Hedwig Courths-Mahler scheint zufrieden zu sein – nein, sie ist zufrieden.

Zum Erstaunen der Tochter und des Schwiegersohns. Sie haben befürchtet, daß sich die alte Dame auf dem Land nicht wohlfühlen würde. Sie hat ja immer in Städten gelebt, immer Betrieb um sich gehabt und vor allen Dingen: sie hat immer gearbeitet. Sollte sie sich entwurzelt fühlen? Wird sie nicht unglücklich sein? Sie ist nicht unglücklich. Sie liest viel, geht oft spazieren und entdeckt für sich die Natur, die sie ja oft genug in Romanen beschrieben, aber kaum je kennengelernt hat, wenn man von den Reisen an die Ostsee absieht. Sie war ein Stadtmensch, jetzt wird sie ein Landmensch, um so schneller, als die Nachbarn und überhaupt die Leute um den Tegernsee herum sehr nett zu ihr sind.

Das verdient hervorgehoben zu werden. Denn im allgemeinen schätzt man in Oberbayern die Zugereisten nicht, wie man sie nennt und schon gar nicht die Berliner.

Aber niemand kann sich dem Charme der alten Dame

entziehen, die immer für jeden ein gutes Wort hat und sich für alles zu interessieren scheint.

Ein Brief ihres Verlegers und ein kleines Päckchen: *Der Scheingemahl* ist wieder aufgelegt worden. *Der Scheingemahl* ... wie lange ist das her! 1919 hat sie diese Geschichte des jungen Barons Oldenau geschrieben, der nach dem Tode seines Vaters plötzlich entdecken mußte, daß dieser schwer verschuldet war, der seine Mutter in einer Zwei- oder Drei-Zimmer-Wohnung in Berlin unterbringen muß und für sich selbst eine Stellung sucht.

Er findet, dank der Unterstützung eines Freundes seines Vaters, eine höchst ungewöhnliche Stellung. Da ist ein gewisser Hartmann, sehr, sehr reich – er ist einst als Arbeiter nach Amerika ausgewandert, wo er sehr viel Geld verdient hat. Nun verspürt er nur noch einen einzigen Wunsch – seine Tochter, die schöne Margot, zu verheiraten. Sie soll nicht irgend jemanden, sie soll einen Fürsten bekommen!

Hartmann ist viel zu klug, um nicht zu wissen, daß er selbst ein Hinderungsgrund ist. Denn er, der Selfmademan, hat nun einmal keine Manieren. Er ist herzensgut, er läßt sich auch ein bißchen von den wenigen Bekannten adeligen Geblüts ausnutzen, aber er weiß nicht, daß man Fisch nicht mit dem Messer ißt, er kann nicht einmal seine Serviette richtig handhaben. Und so sucht er einen Sekretär, der das nur dem Namen nach ist, aber in Wirklichkeit die Aufgabe hat, ihm gute Manieren beizubringen. Und dieser Mann wird Horst Oldenau.

Natürlich hat er seinen Abschied genommen. Und nun lebt er im Hause Hartmann und macht seine Sache sehr gut. Vielleicht zu gut. Der Vater findet ihn reizend, aber auch die Tochter findet ihn reizend und vielleicht mehr als das. Sie verliebt sich in den jungen Sekretär ihres Vaters, und er verliebt sich in sie. Aber sie würden eher sterben, als einander ihre Liebe zu bekennen.

Margot soll nach dem Willen des Vaters den jungen österreichischen Fürsten Nordheim heiraten. Die Ehe wird von Baron von Goltzin in die Wege geleitet, der freilich nicht davor zurückschreckt, sich von Hartmann schmieren zu lassen.

Horst Oldenau blutet das Herz, als er sieht, daß sein geliebtes Mädchen an den stark wienernden, völlig verschuldeten Fürsten verkuppelt werden soll – aber welche Rechte hätte er, zu intervenieren – er, der doch keinen Pfennig besitzt? Dabei ist Margot gar nicht sicher, daß sie den Fürsten überhaupt will. Und ein Zufall kommt den Liebenden zu Hilfe. Es ist die alte Fürstin von Nordheim, die nicht bereit ist, der Heirat zuzustimmen. Ihr Sohn, ihr einziger Sohn, soll eine Bürgerliche heiraten? Gänzlich ausgeschlossen! Aber sie hat eine Idee. Die junge Dame soll doch zum Schein irgendeinen verarmten Adeligen heiraten, sich dann gleich wieder scheiden lassen, und danach kann ihr Sohn eine Dame mit adeligem Namen ehelichen.

Das leuchtet Hartmann ein. Aber es handelt sich ja nur um eine Scheinehe. Oldenau könnte – siehe Titel – der *Scheingemahl* werden.

Der Fürst hat ihn zwar geschnitten, sowohl vorher als auch jetzt, da die Hochzeit bereits feststeht. Ehemalige Kameraden unseres Helden sind nicht so genau, sie grüßen ihn weiterhin. Von einem erfährt er, daß der österreichische Fürst ihn in ein mehr als zweideutiges Lokal eingeladen hat, wo es fesche Mädchen gibt.

Da faßt Horst Oldenau einen klugen Plan. Er verlangt von seiner Braut und seinem Schwiegervater, daß sie ihn am Abend vor seiner Hochzeit in ein von ihm gewähltes Lokal begleiten. Natürlich ist es das Lokal, in dem der Fürst mit den zweideutigen Damen flirtet. Und in der Nebenloge sitzen die drei und hören angestrengt und mit wachsendem Befremden zu. Das heißt, Horst ist gar nicht so erstaunt, um so mehr aber der biedere Hartmann. Und als der Fürst gar auf ihn selbst zu sprechen kommt und sich über ihn und seine Ambitionen lustig macht und äußert, daß er Margot, wenn er sie erst einmal geheiratet hat, auf dem Gut wird sitzen lassen, um sich in der Großstadt zu amüsieren, ist sein Plan gefaßt.

Er geht in die andere Loge und sagt dem Schwiegersohn in spe, was er von ihm hält. Dann fahren die drei nach Hause und trinken eine Flasche Champagner. Die Tochter verrät ihrem Vater, daß sie zwar eingewilligt habe, Horst zu heiraten, aber nicht, sich von ihm scheiden zu lassen. Und er will auch nicht. So bekommt der alte Hartmann schließlich doch einen adligen Schwiegersohn und dieser das Gut zurück, das er hatte verkaufen müssen; seine Mutter darf wieder aus ihrer kleinen Wohnung ausziehen, und die beiden Liebenden bleiben auf ewig vereint. Oder zumindest läßt die Dichterin das durchblicken.

Wann hat sie diesen Roman geschrieben? 1918 oder 1919? Er erschien jedenfalls im gleichen Jahr, auch als Buch. Sie muß lächeln, wenn sie daran denkt. Wie vieles hat sich doch verändert. Aber eines hat sich nie verändert für sie: in allen ihren Romanen kam kaum ein böser Mensch vor, allenfalls eine Frau, die aus Liebe, aber eben nur aus Liebe intrigierte, wie die schöne Russin, die aus Vaterlandsliebe zur Spionin wurde. Auch der Fürst Nordheim in *Der Scheingemahl* ist eigentlich kein böser Mensch, eher ein vertrottelter. Das kommt daher, daß die Frau, die ihn geschaffen hat, nie daran glaubte, daß Menschen so richtig böse sein könnten.

Manchmal, wenn sie allein ist, nimmt HCM das bekannte Stoffbüchlein wieder in die Hand, ein rotes Notizbuch, in das sie ihre fast unleserlichen Stichwörter in ihrer eigenartigen, nur von ihr selbst zu entziffernden Stenographie schrieb. Da steht noch so vieles ... Sie zählt die Titel, die sie eingetragen hat. Es sind über zweihundert ... Das ist genauso viel Stoff, wie sie in ihren bisherigen Romanen verarbeitet hat. Aber sie wird so viele Titel gar nicht mehr schaffen können. Sie ist ja schon über siebzig Jahre alt.

Im Augenblick hat sie wirklich keine Lust zu schreiben. Später werden diejenigen, die sich mit Hedwig Courths-Mahler beschäftigen, feststellen, daß sie in diesen Jahren noch viele Bücher geschrieben hat, aber das stimmt nicht. Es handelt sich um Bücher, die in den nächsten Jahren erschienen, in kleinen Auflagen freilich, denn das Dritte Reich hatte ihr das Papier nicht gerade gesperrt, aber doch dafür gesorgt, daß ihr Verlag nicht zuviel Papier bekam: auch eine Art, sie kalt zu erledigen. Darüber kann sie nur lächeln. Nein, sie will sowieso nichts schreiben.

Aber die Töchter schreiben um so mehr. Da ist Friede Birkner, die schon rein zahlenmäßig der Mutter fast gleichkommt. Oder besser, sie wird ihr gleichkommen, wenn sie einmal ebenso alt ist. Sie wird sie sogar, aber das weiß die Mutter jetzt noch nicht, zahlenmäßig übertreffen.

Und da ist Margarete Elzner, die weniger herzlich schreibt, mehr kühl und umständlich, ein ausgezeichnetes Deutsch zwar, aber – wie die Mutter findet – immer ein bißchen mit dem »Zeigefinger«. Sie schreibt viel weniger, und ihre Bücher erzielen vielleicht wegen des Mangels an Herzlichkeit nicht den Erfolg, den sie sich wünscht.

Wieder einmal Besuch aus Berlin. Ein Herr vom Propagandaministerium, ein anderer diesmal, meldet sich bei ihr und sagt kurz und bündig: »Viel Zeit habe ich nicht. Das Auto wartet. Ich habe Ihnen nur das zu überreichen!« Er zückt ein Blatt Papier. Die gedruckte Überschrift: »Schreibverbot«.

»Aber ich schreibe ja gar nicht mehr!«

»Na, im geheimen werden Sie es wohl noch tun. Hier können wir Sie ja nicht kontrollieren.« Der Mann scheint eher gutmütig zu sein, es ist ihm wohl ziemlich gleichgültig, ob sie weiterschreibt.

»Sagen Sie Ihrem Herrn Minister, daß ich nicht schreibe. Ich habe nie geglaubt, daß es von Stimmungen abhängt, ob man schreibt oder nicht, aber jetzt weiß ich es. Nein, ich schreibe nicht und werde wohl auch nichts mehr schreiben. Jedenfalls nicht bis ... «

Der Mann hat verstanden. Er geht schweigend.

Fritz Courths ist ein alter müder Mann geworden. Er dämmert so dahin. Sie weiß es. Sie betreut ihn, aber es ist ihr klar, daß sein Ende nicht mehr aufzuhalten sein wird.

Anton Bock kommt in ein Lager, wo er von der SS ermordet wird.

Auch der andere Schwiegersohn stirbt, der Schauspieler Elzner. Er ist sehr krank. Krebs. Hoffnungslos. Auch das weiß sie, obwohl man versucht, es vor ihr geheimzuhalten. Eines Tages, im Jahr 1938, begeht der Kranke Selbstmord. Das erfährt seine Schwiegermutter nicht, zumindest sagt es ihr niemand. Und sie tut so, als wisse sie es nicht.

Elzner stirbt im Jahr 1938.

Dies ist kein schönes Jahr, nicht einmal am Tegernsee. Vieles geschieht. Hitler, daran kann niemand mehr zweifeln, der Augen und Ohren hat, ist auf dem Vormarsch. Er hat Österreich genommen, er fällt in die Tschechoslowakei ein. Wird es Krieg geben? Es ist kaum daran zu zweifeln. Dabei – und das kann auch der alten Frau am Tegernsee nicht entgehen – ist kein Mensch in Deutschland von der Aussicht auf einen Krieg entzückt; es gibt keine Begeisterung wie 1914, als Hitler im Reichstag erklärt – und das hört man in Tegernsee natürlich am Rundfunk –, daß die Polen angegriffen hätten und daß man den Angriff zurückschlagen mußte.

Und dann vernichtet Hitler Polen, fallen die Nazis über die neutralen Länder Norwegen und Dänemark her. Auch Belgien und Holland hilft ihre Neutralität nichts. Schon bereitet sich der Kampf gegen Frankreich vor.

Hedwig Courths-Mahler war immer Patriotin. Sie glaubte während des Ersten Weltkriegs an die gerechte Sache des deutschen Kaiserreichs. Diesmal ... ? Sie schweigt.

In den ersten Monaten des Jahres 1940 fliegt ein Flugzeug über den Tegernsee. Dann ein furchtbarer Knall. Alle hoffen, daß das Flugzeug nicht abgestürzt ist!

Es ist abgestürzt, und zwar über dem Grundstück der Hedwig Courths-Mahler. Friede Birkner eilt aus ihrem Haus herbei, im »Mutterhof« herrscht ein furchtbares Durcheinander. Was soll man tun? Das Hausmädchen packt ein paar Getränke und Verbandszeug zusammen. Man watet in dem tiefen Schnee zum Flugzeug. Es ist voller Soldaten, achtzehn Mann. Einige sind verletzt, den anderen ist nichts passiert. Sie sagen, sie seien auf dem Wege nach Sizilien. Erstaunen des Mädchens, Erstaunen auch der herbeigeeilten Frau Courths-Mahler. Sizilien? Was soll das nun wieder? Italien befindet sich doch gar nicht im Krieg. Inzwischen hat der Hausmeister mit dem Mädchen und auch Frau Margarete

Elzner die Verwundeten im »Mutterhof« geborgen. Dann verständigt man den Bürgermeister und die Feuerwehr. Es dauert eine ganze Weile, bis der Bürgermeister erscheint, und gleich darauf kommt ein riesiges Auto mit lauter SS-Offizieren. Die schnauzen Hedwig Courths-Mahler an: »Was fällt Ihnen denn ein, über diese Sache telefonisch Bescheid zu geben?«

Sie antwortet: »Ich weiß nicht, was Sie meinen. Es scheint doch das wichtigste zu sein, den Menschen Hilfe zu bringen.«

Es ergibt sich, daß zumindest einige der Männer schwer verletzt sind.

Hedwig Courths-Mahler eisig: »Vielleicht kümmern Sie sich jetzt um die Leute, wenn Sie es uns nicht erlauben. Ich gehe jedenfalls auf mein Zimmer, und meine Tochter wird das gleiche tun.«

Ein paar Tage später kommt wiederum die SS. »Hatten Sie eine Ahnung, daß das Flugzeug gerade an diesem Tage kommt?« Und: »Haben Sie eigentlich gewußt, wo es hinfliegt?«

»Warum haben Sie nicht das Militär angerufen, bevor Sie Hilfe geleistet haben?« fragen sie weiter.

Erst später wird klar, warum die SS so besorgt war. Es sollte eben niemand wissen, daß Mussolini so bald in den Krieg eintreten wird.

Die Courths-Mahler schweigt. Friede Birkner kann nicht schweigen. Sie hat bei einer der üblichen Vernehmungen ziemlich deutlich gesagt, was sie über Göring, Himmler und Hitler denkt. Der Ortsgruppenleiter hat sie aufgrund des »Heimtückegesetzes« verhaften lassen.

Sie sitzt achtundzwanzig Monate lang im Gefängnis. Ihre Beziehungen – und wohl auch die der Mutter – helfen ein wenig. Man holt sie nach einer Weile aus ihrer Einzelzelle heraus und bringt sie in ein Zuchthaus. Denn: »Ihre Familie muß ja gelegentlich Geschäftliches mit Ihnen besprechen!« Sie kommt in eine Zelle, in der sich eine Sekretärin von Göring und eine Antiquitätenverkäuferin befinden.

In der Zwischenzeit macht man der Courths-Mahler, die sich begreiflicherweise sehr um ihre Tochter kümmert, neue Schwierigkeiten. Eine Nazifamilie, der Mann ist Gruppenführer, wird in das Haus eingewiesen und bewohnt die ganze obere Etage. Nur das Schlafzimmer von Frau Hedwig und ein kleines Bad sind ausgenommen. In andere Räume werden weitere Familien eingewiesen. Nicht Flüchtlingsfamilien, soweit ist es noch lange nicht, sondern Nazis, die gern am Tegernsee wohnen wollen, wo sie sicher sein können, daß keine Bomben auf sie fallen.

Friede Birkner wird schließlich in eine Klinik eingeliefert. Ihr Zustand scheint so hoffnungslos, daß eine Strafaussetzung erfolgt. Dann wird sie nach Hause entlassen mit der Bemerkung: »Benehmen Sie sich künftighin anständig!« Sie wird freilich weiterhin überwacht, und zwar noch drei Jahre, also fast bis zum Kriegsende.

Der Krieg hat inzwischen furchtbare Ausmaße angenommen. Die Orte am Tegernsee werden zwar nie bombardiert, um so mehr aber München. Man sieht die Flieger kommen, man hört die Detonationen der Bomben, und die alte Frau besitzt eine viel zu rege Phantasie, um sich nicht auszumalen, was da vorgeht. Zudem bekommt sie gelegentlich Briefe aus Berlin und sogar den einen oder anderen aus Chemnitz.

»Die armen Menschen!« sagt sie immer wieder. »Die armen Menschen!«

Jetzt kommen auch bevorzugte Flüchtlinge aus den Städten. Der »Mutterhof« ist bald überfüllt. Diese Herrschaften spielen sich als Herrenmenschen auf. In ihren Augen war es überhaupt eine Gnade, daß Hedwig Courths-Mahler in ihrem eigenen Haus wohnen bleiben durfte. Wohnen? Sie teilte sich jetzt mit ihrer Tochter ein einziges Zimmer. Und sie verließ es kaum noch. Sie aß sogar im Schlafzimmer.

Das Ende

Und dann war der Krieg vorbei. Ganz plötzlich verschwanden die Leute, die eben noch an Hitler, an seine Geheimwaffe und an den Endsieg geglaubt hatten. Wohin sie gingen – wer weiß es? Die meisten von ihnen tauchten unter. Die Familie am Tegernsee hat sie jedenfalls nie wieder gesehen. Dafür kam neue Einquartierung. Diesmal waren es die Amerikaner. Aber sie blieben nur ein paar Stunden, einige von ihnen ein paar Tage. Und dann, als irgend jemand sie verständigt hatte, wer HCM war, erhielt das Grundstück das Zeichen »OFF LIMITS«, was bedeutete, daß kein amerikanischer Soldat das Grundstück betreten durfte – und so geschah es auch. Die schweren Zeiten waren vorbei.

Für die übergroße Mehrheit des deutschen Volkes waren sie natürlich keineswegs vorbei. In den Städten hungerte und fror man. Man verkaufte und tauschte, was man besaß, an die Bauern der Umgegend für ein paar Kartoffeln, vielleicht auch für etwas Butter oder Fleisch.

Am Tegernsee war es anders. Da gab es wieder alles. Jeder, der dort wohnte, konnte sich sattessen.

Die alternde Schriftstellerin merkte bald, daß sie sich in einer glücklicheren Lage befand als die meisten anderen Deutschen. Diejenigen, die an den Tegernsee kamen, um sie zu besuchen – und nun kamen wieder die einen oder anderen: sie alle sahen so entsetzlich schlecht aus! Sie gab ihnen zu essen, sie packte ihnen Proviant ein, und immer wieder sagte sie: »Die armen Menschen! Die armen Menschen!«

Sie selbst war nicht arm. Sie hatte sich ja als Millionärin zurückgezogen. Und ihre Bücher waren selbst während des Krieges bis 1942 erschienen, wenn auch in kleinen Auflagen. Sie bekam also sogar Tantiemen. Warum? Irgend jemand im Heereskommando hatte festgestellt, daß die Soldaten nach Courths-Mahler-Büchern verlangten. Das paßte Goebbels zwar nicht, aber im Interesse der Moral – so nannte er das – mußte er wohl oder übel nachgeben. Die Verleger bekamen mehr Papier mit der ausdrücklichen Weisung, mehr Courths-Mahler zu drucken.

Und dieser Trend hielt auch nach dem Krieg an. Zwar sank der Wert des Vermögens, wenn auch nicht in dem Maße wie während der großen Inflation in den zwanziger Jahren, aber die Tantiemen stiegen, weil ja die Verleger die Buchpreise den Zeiten anglichen. Monatsabrechnungen von 5000 bis 6000 Mark waren nichts Besonderes. Das war selbst für jene Zeiten enorm.

Die Verleger rieten ihr, neue Bücher zu schreiben. Sie sah ihre Stoffsammlung durch. Das kleine, rote Heft... Sie hätte sich sofort hinsetzen können, um einen neuen Roman zu beginnen. Aber sie hatte keine Lust mehr. »Die Welt ist anders geworden!« meinte sie.

Nicht nur Bekannte aus der Umgegend kamen. Es kamen auch Journalisten. Eine der ersten war die Schriftstellerin Luiselotte Enderle von der *Neuen Zeitung,* dem Blatt der Amerikaner, das von Hans Habe redigiert wurde. Er war es wohl auch, der ihr den Tip gab. »Sie wird ja bald achtzig Jahre!«

Die Enderle fuhr an den Tegernsee. Das war keineswegs leicht, denn die Deutschen stießen 1947 noch überall auf Schwierigkeiten, aber irgend jemand nahm sie in einem Lastwagen mit.

Frau Enderle war erstaunt über die Bescheidenheit der »großen alten Dame«. Auf ihr Geständnis, sie habe nie einen Roman von ihr gelesen, aber sie würde jetzt gern einmal einen lesen, antwortete die Courths-Mahler: »Ach, dazu ist ja Ihre Zeit viel zu kostbar!«

Sie erzählte ihr Leben – wie oft hatte sie das nun schon getan – und vergaß auch nicht die scharfen Kritiken, die sie hatte hinnehmen müssen. Wie lange war das her! Aber inzwischen hatte sie eine Erklärung für die Angriffe gefunden: »Da sind nun Leute, die haben erst zehn Jahre studiert, dann haben sie jahrelang an einer Sache geschrieben und nachher hatten sie keinen Erfolg damit. Und unsereiner hat keine Vorbildung, schreibt seine Bücher einfach so herunter und hat den Erfolg! Wenn die Herrschaften über mich hergezogen sind, habe ich mir gesagt: Reagiert euch nur ab!«

Immer mehr Journalisten fanden den Weg zu ihr, auch Ausländer, zum Beispiel Engländer und Franzosen; und auch Rundfunkreporter kamen, etwas ganz Neues.

Ihren Hauptverleger, den Friedrich Rothbarth-Verlag, der in Leipzig seinen Sitz hatte, gab es zwar nicht mehr, aber der Schwiegersohn des verstorbenen Inhabers setzte sich nach Stuttgart ab und gründete den Titania-Verlag. Ein paar alte Angestellte kamen über die grüne Grenze, und die Courths-Mahler konnte wieder in größeren Auflagen gedruckt werden.

Herr Schroll, der Schwiegersohn Friedrich Rothbarths, erschien persönlich am Tegernsee. »Sie haben 202 Romane geschrieben. Wann kommt der nächste?«

»Es wird keinen nächsten geben ... «

»Aber das Publikum?«

»Die Leute haben kein Geld. Sie sind zu arm, um Bücher zu kaufen. Nur, drucken Sie meine alten Bücher wieder. Sie werden auch wieder gelesen werden.«

»Aber werden wir sie verkaufen können? Wenn die Leute diese alten Bücher schon haben?«

»Vielleicht sind sie verschüttet oder verbrannt. Übrigens denke ich gar nicht an Einzelkäufer. Ich denke an Leihbibliotheken. Ich halte Leihbüchereien für einen Segen. Es ist nicht jeder in der Lage, sich ein teures Buch zu kaufen. Und Menschen, die dann und wann ein Buch erstehen wollen, wünschen die Gelegenheit des Probelesens, das heißt, sie möchten sich erst einmal mit dem Autor oder einem bestimmten Buch auseinandersetzen, ohne große geldliche Belastung ... Die Leihbüchereien sind ein glücklicher Ausweg für die Millionen, die auf der Schattenseite des Lebens wohnen. Und für die schreibe ich ja, und die Treue meiner Leser hat gezeigt, daß ich da richtig liege.«

Das alles sagt sie. Und auch noch, daß sie glücklich ist über diejenigen, die nach dem Krieg wieder Leihbibliotheken ausgebaut haben. Denn: »Ich halte sie alle für einen ungeheuer wichtigen Kulturfaktor. Ein Mensch, der gern liest, kann gar nicht untröstlich und unglücklich werden.«

Es sind nur wenige Wochen vor ihrem Tod, als sie diese Zeilen diktiert. Aber vorher sollte sie noch etwas erleben, mit dem nicht einmal sie rechnete, die doch auf alles gefaßt war.

Die Regierung der DDR erklärt, die Courths-Mahler sei unerwünscht. Den Buchhandlungen, die ihre Romane nur allzu gern verkaufen würden, wird mitgeteilt, dies sei ab sofort verboten. Selbst Pakete, die von Privatleuten an Privatleute geschickt werden und ein Buch von der Courths-Mahler enthalten, kommen zurück. Mit einem Stempel: »Unerwünscht«.

Warum?

Das ist ziemlich klar. Die Courths-Mahler wird aus den gleichen Gründen in Ostdeutschland verboten, derentwegen sie auch die Nazis hatten verbieten lassen: Es kommen zu viele feine Leute in den Büchern vor. Es wird zu wenig oder gar nicht von den Sorgen der Arbeiter gesprochen, geschweige denn dargestellt, daß die Arbeiter ja gar keine Sorgen mehr haben, weder in der Sowjetunion noch jetzt in dem Staat, in dem sie kein Abstimmungsrecht besitzen und auch nicht streiken dürfen. Dieser neue Staat ist auch ganz ohne ihr Zutun geschaffen worden.

Es ist nicht einmal sicher, ob die alte Dame das Verbot noch erlebt hat. Wenn ja, dürfte es ihr recht gleichgültig gewesen sein.

Aber im Westen erscheinen wieder ihre Bücher. Besonderen Erfolg hat eines, das sie 1918 geschrieben hat. Ist es Zufall? *Eine ungeliebte Frau* entstand bald nach dem Ende des Ersten Weltkriegs. Und nun ist auch der Zweite Weltkrieg vorüber und *Eine ungeliebte Frau* hat wieder einen großen Erfolg.

Hat Hedwig Courths-Mahler die Neuauflage noch erlebt? Niemand vermag es mehr zu sagen.

Friede Birkner: »Es ging ja dann doch alles sehr schnell. Und der Tod kam am 28. November 1950. Sie war eigentlich noch ganz rüstig. Sie hatte Briefe ihrer Verehrer gelesen, die von weither kamen, aus Indochina oder aus irgendeinem arabischen Land. Und natürlich viele, die aus Deutschland kamen. Sie plauderte noch über irgend etwas Politisches und, wie ich mich zu erinnern glaube, über einen

Boxkampf. Dann setzte sie sich in ihren Lehnstuhl und begann zu lesen. Ein Buch der Marlitt, wenn ich nicht irre. Und als meine Schwester in das Zimmer kam, vielleicht eine Stunde später, saß sie noch immer in ihrem Sessel, das Buch in der Hand, und war hinübergeschlafen. Keine Schmerzen. Keine Krankheit.«

Kaum hatte sich die Nachricht von ihrem Tod herumgesprochen, da begannen die Zeitungen zu Hunderten Nekrologe zu veröffentlichen.

Auf der Beerdigung soll es dann sehr turbulent zugegangen sein. Die Birkner: »Ich möchte eigentlich nicht sagen turbulent. Es waren ganz einfach sehr viele Leute gekommen. Ganz Tegernsee und, wie mir scheint, viele aus München. Nur meine Schwester war nicht dabei und ich auch nicht. Das hat meine Mutter so gewollt. ›Meine Töchter sollen nicht bei meiner Beerdigung anwesend sein, ich will sie vor Beileid und Neugier bewahrt wissen‹, heißt es in ihrem Testament.«

Nicht nur Nekrologe erscheinen, nicht nur Artikel zu ihrem einjährigen Todestag, zu ihrem fünfjährigen, zehnjährigen, zwanzigjährigen Todestag, was beweist, wie unvergessen sie ist. Es erscheinen auch die ersten wissenschaftlichen Analysen über sie und ihr Werk, die den Grund ihres beispiellosen Erfolges zu finden versuchten. Sehr viel Gescheites wird über sie geschrieben.

Friede Birkner: »Schade, daß meine Mutter das alles nicht mehr erlebt hat. Oder vielleicht gar nicht so schade. Ich glaube, sie hätte darüber gelächelt. Und sie hätte etwa gesagt: ›So wichtig bin ich doch gar nicht!‹«

Ein Weg in Tegernsee wird nach der Courths-Mahler genannt. Andere Autoren verlieren sehr bald nach ihrem Tod ihre Popularität. Bei der Courths-Mahler ist es genau umgekehrt. Sie wird, namentlich in der letzten Zeit, Jahr für Jahr populärer.

Von Jahr zu Jahr melden sich neue Verlage, die sich bisher um die Courths-Mahler nie gekümmert haben. Was ist noch frei? Was kann man wieder auflegen?

Man könnte von einem echten Comeback sprechen, wenn die Courths-Mahler je ganz vergessen gewesen wäre. Aber das war sie ja nie.

Gespräch mit Friede Birkner:

»Kann man da nicht von einer Nostalgie-Welle sprechen, um ein Wort zu gebrauchen, das ja heute so modern ist?«

»Ja und nein. Aber als Mitte der sechziger Jahre der Run – man darf wirklich von einem Run sprechen – auf die Courths-Mahler-Romane einsetzte, war der Begriff der Nostalgie in der Literatur oder auf dem Theater eigentlich noch nicht bekannt. Vielleicht war es sogar umgekehrt. Man hat wieder viel Courths-Mahler gelesen, und daraus hat sich eine Nostalgie entwickelt, ein Heimweh nach den Zeiten, in denen sie schrieb ... «

»Aber wenn man es genau analysiert, dann schrieb doch Ihre Mutter schon in den Jahren 1920 bis 1933 oder vielleicht auch schon früher Nostalgisches. Ich meine, sie schrieb fast ausschließlich über Zeiten, die bereits vorbei waren. Und sie weckte Sehnsucht nach diesen Zeiten. Damit hat sie ja nie aufgehört ... ?«

»Das ist wohl richtig. Sie schrieb wenig Romane, die aus der Zeit entstanden, in der sie sie verfaßte, sondern sie schrieb Romane über die Zeiten, die fast vergessen waren. Die Zeiten, in denen es noch reiche und sorglose Menschen gab, vor allem Adlige und Großgrundbesitzer. Das war doch wohl auch nostalgisch? Obwohl meine Mutter damals den Ausdruck wohl kaum kannte und erstaunt gewesen wäre, wenn man sie in die Reihe der Nostalgischen eingereiht hätte.«

»Also, sie schrieb, wissentlich oder unwissentlich, gewollt oder ungewollt, nostalgisch. Und nun liest man sie wieder – aus Nostalgie. Man hat Heimweh nach der Zeit, in der man Heimweh hatte. Man spürt Nostalgie für die Zeit, in der Nostalgisches geschrieben wurde.«

»Wenn Sie mich fragen, wird es noch lange so sein.«

»Und Ihre Erklärung dafür?«

»Das, was meine Mutter so oft gesagt hat: die Menschen ändern sich nicht. Jedenfalls nicht sehr schnell. Natürlich, über einen Zeitraum von vielen Generationen hinweg, von Hunderten oder gar Tausenden von Jahren, ändert sich ihr Geschmack. In hundert oder zweihundert Jahren werden die Menschen nicht mehr wissen, was ein preußischer Leutnant war oder ein ostelbischer Grundbesitzer – oder, ich fürchte fast, auch nicht mehr, daß der Grunewald ein schönes Villenviertel war. Und ob es in Argentinien dann noch Freudenhäuser geben wird, weiß ich auch nicht. Es ist ja alles nicht so wichtig... Sie sehen, ich zitiere schon wieder meine Mutter!«

Sicher ein Grund der ständig wachsenden Popularität von Hedwig Courths-Mahler ist Friede Birkner selbst. Sie, die ja nun den ganzen Nachlaß besitzt und verwaltet, hat viele, viele Jahre lang die Arbeit an eigenen Romanen zurückgestellt, um Verhandlungen für ihre tote Mutter zu führen und um die Texte ein bißchen zu modernisieren. »Es ist kaum der Rede wert. Die Texte bleiben eigentlich unverändert. Ich mache mal ein paar Striche; zum Beispiel in dem Roman *Griseldis* da gibt es ein paar Nebenfiguren, die, wie mir meine Mutter einmal verriet, nur eingefügt wurden, weil der Roman sonst zu kurz gewesen wäre. Die habe ich jetzt gestrichen. Um mehr handelt es sich wohl nirgends. Hie und da fallen mal ein paar Adjektive weg.«

»Die *Frankfurter Allgemeine* hat Sie einmal die ausgezeichnete Managerin einer Toten genannt! Fühlen Sie sich als solche?«

»Ja, da ist schon etwas dran. Meine Mutter braucht natürlich nicht gemanagt zu werden, und das weiß ja jeder vom Fach. In der Literatur und am Theater heißt es: Wo nichts ist, hat auch der beste Manager verloren. Aber ich verhandle auch schon mal mit den Verlagen. Ich sorge dafür, daß Zeitungsabdrucke nicht zu billig verkauft werden. Ich habe einer Reihe von Verlegern die Rechte für Taschenbücher abgegeben, die sind billig, können aber in großen Auflagen gedruckt werden. Und wissen Sie, wer so viel Erfahrung hat wie ich durch den Vertrieb der Arbeiten meiner Mutter und meiner eigenen, ist so schnell nicht hinters Licht zu führen. Die Verlage reißen sich um Courths-Mahler-Romane. Und die Zeitungen auch. Erst vor ein paar Jahren habe ich mit einer Chicagoer Zeitung einen Vertrag für die Courths-Mahler gemacht. Dort sind seither jedes Jahr neue Romane erschienen. Und seit ihrem Tod sind fünfundneunzig ihrer alten Romane wieder als Bücher herausgekommen. Das Jahr 1974 habe ich zum Courths-Mahler-Jahr erklärt. Und siehe da – ein so ernsthaftes Blatt wie die *Neue Zürcher Zeitung* hat einen Roman meiner Mutter zum Nachdruck erworben.«

Die Tochter meint – und ihre Augen funkeln ein bißchen böse: »Nur eins vermisse ich: die Herrschaften, die früher so gegen meine Mutter wetterten.«

Nein, die scheinen wirklich ausgestorben zu sein. Und dabei ist doch die Courths-Mahler gar nicht progressiv oder gesellschaftskritisch oder wie immer man es nennt...

Zum hundertsten Geburtstag erschien eine wahre Flut von Artikeln. Unter anderem schreibt Hans Habe: »Man wird, Freunde, noch in hundert Jahren die Courths-Mahler lesen!«

Das hat nicht einmal Hedwig Courths-Mahler selbst angenommen.

Nun, es scheint mir schon genug, daß heute, fast ein Vierteljahrhundert, nachdem sie zu schreiben aufgehört hat – denn zuletzt schrieb sie ja nicht mehr –, wieder so viele Bücher von Hedwig Courths-Mahler auf dem Markt sind. Und gelesen werden.

Bilanz: Viele Romane der Courths-Mahler, in viele Sprachen übersetzt, dürften in mehr als dreißig Millionen Exemplaren erschienen sein. Nebeneinandergestellt würden sie zweimal um den Äquator reichen.

Und nun hat sich das Fernsehen ihrer angenommen. Das Fernsehen ist eine Institution, die sehr genau untersucht, ob und wer sich für irgend etwas interessiert. Man kann sich wohl einmal irren, aber man kann sich nicht gleich vier- oder fünfmal hintereinander irren. Und es wäre ein Irrtum, Romane auf den Bildschirm zu werfen, die von der Jugend abgelehnt werden. Und die ersten Umfragen bestätigen: Viele junge Menschen schwärmen für die Courths-Mahler.

Wenn eine Prognose erlaubt sei: Das Fernsehen wird noch viel mehr als die vorläufig fünf verfilmten Courths-Mahler-Romane bringen.

Und es werden noch viele Romane der Courths-Mahler gedruckt werden – und gelesen. Menschen lesen gerne, was sie träumen, und sie haben es gerne, wenn Träume gut ausgehen ... Und so hat auch das Leben dieser bemerkenswerten Frau, wie alle ihre Geschichten, ein Happy-End.

E n d e